AYRTON SENNA
HERÓI EM DOIS TEMPOS

Edvaldo Pereira Lima

Herói em dois tempos

Editora Casa Flutuante

São Paulo, 2022

Revisão ortográfica
Izabel Cristina Lourenço

Diagramação capa e miolo
Israel Dias de Oliveira

Foto de capa
Norio Koike ©ASE

Dados Internacionais de Catalogação na Publicação (CIP)
(Câmara Brasileira do Livro, SP, Brasil)
Aline Graziele Benitez - Bibliotecária - CRB-1/3129

L732a   LIMA, Edvaldo Pereira
        Ayrton Senna: Herói em dois tempos / Edvaldo Pereria Lima. -- São Paulo: Editora Casa Flutuante, 2022.
        242p.

        ISBN 978-65-88595-19-0 (Editora Casa Flutuante)
        ISBN 978-65-00-38509-0 (Edvaldo Pereira Lima - Ed. do Autor, 2022)

        1. Automobilismo - História 2. Fórmula 1 - Automóveis 3. Pilotos de automobilismo - Biografia 4. Senna, Ayrton, 1960-1994 5. Senna, Ayrton, 1960-1994 - Biografia I. Título.

22-100285   CDD-796.72092

ÍNDICE PARA CATÁLOGO SISTEMÁTICO
1. Ayrton Senna: Pilotos de automobilismo: Biografia   796.72092

[2022]
Todos os direitos reservados a *Edvaldo Pereira Lima*

Editora Casa Flutuante
Rua Manuel Ramos Paiva, 429 - São Paulo - SP
Fone: (11) 2936-1706 / 95497-4044
www.editoraflutuante.com.br / www.livro-reportagem.com.br

Índice

1994

2005

Apêndice

Sobre o autor

Escritor, jornalista, *story coach*, professor universitário, Edvaldo Pereira Lima escreve preferencialmente narrativas biográficas. As histórias que conta provocam um efeito espelho, o leitor encontrando, na trajetória do protagonista, possíveis pontos de conexão temática com sua própria aventura de viver.

Foi assim com **Joelmir Beting**, a biografia do jornalista de economia mais influente da história do Brasil, com **O Mentor**, a história de vida de Roberto Shinyashiki e com todos os seus livros produzidos em estilo de jornalismo literário. Centradas em pessoas, as histórias são extraídas dos seus campos de especialidade e compartilhadas sob o tema universal correspondente. Sua história de Ayrton Senna, nesta edição especial voltada a brasileiros expatriados e ao público global de língua portuguesa fora do Brasil, não se limita ao território do esporte. Explora o campo comum onde o ídolo e todos nós estamos entrelaçados pelos fios do destino, desafiando cada ser humano a se tornar herói de sua própria jornada.

www.edvaldopereiralima.com.br

O tempo de agora

O mais vitorioso campeão de Fórmula 1 de todos os tempos, incríveis 103 Grandes Prêmios vencidos — até o momento em que escrevo este texto —, sete vezes campeão do mundo — empatado com Michael Shumacher, os dois maiores da história —, o inglês Lewis Hamilton teve um gesto surpreendente ao vencer o Grande Prêmio de São Paulo num domingo ensolarado, 14 de novembro de 2021. O autódromo de Interlagos lotado, em plena pandemia, testemunhou Hamilton pedir uma bandeira brasileira e completar sua volta da vitória exibindo-a para uma enorme plateia vibrando e gritando o nome de quem — compreendeu instantaneamente —, a bandeira representava, mais do que um país, do que uma nação, do que um povo.

— *Senna! Senna! Senna!*

O gosto de Hamilton pelo Brasil tem como origem seu amor de fã por Ayrton Senna. Já era conhecida do público a história de

Hamilton, aos nove anos de idade, descobrir o brasileiro e se encantar pela Fórmula 1, inspirando-se nele, desde então seu ídolo, como exemplo de superação, determinação, força mental e excelência. Mesmo após superar seu modelo inspirador em número de vitórias e campeonatos vencidos, o genial inglês manteve em destaque máximo, no seu pódio de grandes figuras desse esporte, o igualmente extraordinário brasileiro. Para ele, Senna está numa posição incomparável, de ícone.

Três dias antes de sua vitória épica no Brasil, repetindo o gesto característico de Senna empunhar a bandeira brasileira, Hamilton publicou nas redes sociais uma homenagem tocante ao ídolo.

Minha maior inspiração. Era o jeito de ele correr, sua paixão pela vida e pelo esporte. Acima de tudo, era o jeito de ele enfrentar sozinho um sistema que nem sempre era generoso com ele. Que o legado de Ayrton Senna viva para sempre, especialmente vibrante neste fim de semana.

Chamo a atenção para o que está implícito na fala de Hamilton. A ideia de que Senna inspirava e inspira não só pelas qualidades demonstradas nas pistas de corridas, mas também pelo significado simbólico dessas qualidades como inspiração para o enfrentamento dos desafios da vida fora delas. Inúmeros livros foram escritos sobre Senna, por autores brasileiros e estrangeiros. Invariavelmente, porém, quase sempre o foco está preso à dimensão automobilística da vida de Senna, ao seu formidável talento. Os autores, às vezes demonstram sentir a grandeza de Senna, transcendente ao domínio do esporte. Mas pouco avançam, quase nada exploram de outros territórios de riqueza nessa história de vida coletivamente impactante. Impactante para quem vê o corredor virtuoso. Impactante para quem não se interessa um pingo pela Fórmula 1.

Impactante para uma nação inteira, impactante para brasileiros no exterior em necessidade de recompreender e ressignificar sua conexão com este campo de forças chamado Brasil que lhes deu a vida e raízes para eventualmente voar pelo mundo. Impactante para gentes de todos os lugares que intuíram existir em Senna algo que lhes tocava a alma, sensibilizava o ser.

Todos os povos precisam de heróis. A coletividade humana precisa de figuras entre nós que encarnam a representação do arquétipo do herói. São os heróis arquetípicos que nos inspiram, nos sinalizam caminhos, nos trazem a possibilidade do resgate de qualidades que podem estar submersas na comunidade embaçando a visão da nossa identidade como indivíduos, como povo, como humanidade.

Senna foi e é a representação de um certo modelo de herói e de guerreiro tão significativo para o resgate da estima do brasileiro num momento de baixo astral coletivo desastroso. Senna foi e é motivo de nutrirmos um orgulho saudável como cidadãos nascidos no Brasil, filhos desta terra, estejamos agora onde nascemos ou navegando os desafios da vida em terras distantes.

Neste momento histórico de incertezas, pânico, crises e caos que vivemos à medida que o século XXI avança, o brasileiro no país e no exterior precisa de figuras inspiradoras de grande quilate. O mundo precisa de figuras que nos espelham certas grandezas potenciais que nos compete desenvolver.

Ayrton Senna e sua história têm muito a nos oferecer nessa direção, agora. Para compreendermos o vigor simbólico do que representa, fazendo vibrar hoje um grande campeão que, como ele, além de excelente no que faz, demonstra princípios e valores sintonizados com uma grande consciência social, fazendo vibrar uma torcida gigante de autódromo que intui o valor majestoso do legado do ídolo, convido-o a uma viagem exploratória no tempo.

Deixamos este tempo presente, do agora, por um momento. Vamos para o passado relativamente recente. Um passado por sua vez retratado em dois flashes históricos no tempo. Vamos juntos para descobrir. Para abrir o véu da compreensão. E, depois, voltarmos ao presente com o elixir da vitória da nossa aventura, que é, potencialmente, o entendimento do que esse legado nos traz para os dias de agora, da vida de cada um de nós, da vida coletiva de brasileiros no país ou no exterior, para a vida coletiva de todos nós, humanidade.

Minha proposta a você é exatamente avançar por essas terras pouco exploradas em outros livros centrados na história desse herói de primeira grandeza que transcende o esporte.

O ponto de partida é este. A ponte de passagem para o território desconhecido que vamos explorar juntos é esta exatamente onde você está agora.

Ayrton Senna você conhece. Se viveu, já adulto, aqueles domingos de manhãs eletrizantes frente à televisão, na expectativa quase sempre atendida de cenas de arrojo, dedicação extrema e excelência, não tem como esquecer.

Se jovem adulto, vai se lembrar do clima de entusiasmo que tomava conta dos mais velhos a cada Grande Prêmio de Fórmula 1. Pode ser que você mesmo tenha sido banhado pela onda de emoção que aquele campeão intrépido tinha a capacidade de disparar nos corações de pessoas de todos os quilates, homens e mulheres, crianças e adultos. Se muito, muito jovem, você já ouviu falar, já leu, sabe alguma coisa. Tem ideia de que Senna foi um dos maiores astros do esporte brasileiro de todos os tempos, um grande exemplo de vencedor.

Moço ou maduro, talvez você tenha sido um dos milhões enlutados por uma tristeza coletiva sem tamanho, quando esse herói se foi embora deste mundo, veloz como sempre. Partiu num primeiro de maio, trabalhando, sua hora fatídica exposta em tempo real para o planeta pelos olhos eletrônicos da televisão e tentáculos de comunicação dos satélites.

É provável que você saiba. Mais do que um ídolo do esporte, Ayrton Senna marcou sua presença entre nós de um modo tão visceral que sua fama transcendeu fronteiras. Sua marca não é de apenas um notável corredor de automóveis. Sua assinatura na existência é de uma pessoa extraordinariamente dedicada, um ser profundamente voltado a superar limites, unindo disciplina, garra, talento, entusiasmo, vontade. Seu nome representa tudo isso, no Brasil e no exterior, no esporte e fora dele. Herói de jogadores de futebol campeões do mundo, é também símbolo de força na vida, guerreiro inspirador, até para quem nada tem a ver com o automobilismo.

Mas disto talvez você não esteja totalmente informado: Senna reuniu em si, no desenvolvimento de seu talento de vencedor, um potencial extraordinário de capacidades que o colocam como um modelo pioneiro do ser humano deste futuro imediato nosso que se desenha agora, em meio às crises globais da nossa civilização.

Senna antecipou no esporte — como um símbolo para todos, na vida — o desenvolvimento necessário de todos os nossos talentos, os da inteligência e os da intuição, os da emoção e os do corpo. Não é gratuito o fato de que além do domínio técnico da sua área de atividades, também se preparou de modo primoroso física e mentalmente. Levou ao ponto máximo a prática de técnicas mentais que o posicionavam no topo da Fórmula 1.

Isto é provável que você saiba: Senna quis dedicar parte de seu enorme prestígio, tempo e dinheiro para uma causa social nobre. Nasceu dessa vontade o Instituto que leva seu nome, liderado pela irmã, Viviane. Desde 1994 vem realizando um trabalho fantástico de desenvolvimento humano, através de um magnífico processo de ação social centrado em educação, beneficiando milhões de jovens.

O que você talvez não tenha tido oportunidade de saber é como esse sonho se transformou em realidade, nem quais são as bases conceituais ou a visão de mundo que sustentam esse trabalho. O reconhecimento de sua importância socioeducacional é chancelado pela própria Unesco, o braço de educação da ONU, a Organização das Nações Unidas.

A proposta deste livro é apresentar integradamente histórias conhecidas apenas fragmentariamente. De um lado, o Senna campeão e aspectos fundamentais ainda pouco conhecidos de sua trajetória, assim como o impacto de sua jornada de herói sobre nós, testemunhas de suas façanhas. A relação entre o ídolo e o povo brasileiro recebe um retrato pessoal deste autor, buscando compreender esse extraordinário fenômeno de comunicação de massa que marcou época. É o objetivo da primeira seção deste livro, **1994**.

De outro lado, o Ayrton cidadão, socialmente responsável, e a tradução de sua vontade num notável trabalho inspirador, através do Instituto que tem o seu nome. É o objetivo da segunda seção do livro, **2005**.

A realidade é feita de fatos e de significados subjetivos. Em tudo há simbolismo. Os símbolos de uma epopeia de duas frentes, como esta, representam caminhos, possibilidades, inspirações. Para todos e para cada um. Para um povo, para uma era.

Então, esta história não é só de Ayrton Senna e do Instituto. É também sua, minha, de todos nós. Ela nos remete a nós próprios, como povo e cidadãos. Temos mensagens a entender nesse enredo, sinais que possam iluminar o caminho individual de cada um, assim como a jornada coletiva na qual também estamos inseridos. Somos contemporâneos de um período desafiador, repleto de riscos, aberto a novas portas de percepção que ampliem nossa forma de encararmos a vida.

Aqui, você encontrará depoimentos de adultos e adolescentes que viveram a comoção pública intensa gerada pela morte do ídolo. Terá oportunidade de colocar em contexto o que significou na época, o que pode significar hoje, na mente coletiva brasileira. Travará contato com conceitos de ponta, conhecimentos avançados, propostas pioneiras. Tudo numa procura de entendimento, conduzida pelo modo singular pelo qual o autor decifra essa epopeia, também sensibilizado pelos acontecimentos.

A maior parte do conteúdo resulta do aproveitamento de textos que compuseram livros anteriores deste autor, aqui reutilizados na íntegra, levemente editados. São aproveitados assim, pois agora exercem a relevante função de resgate histórico de episódios extraordinariamente associados à memória coletiva brasileira. Esta presente versão do livro está editada especialmente para o público brasileiro expatriado e para o público de domínio da língua portuguesa em todas as partes do mundo, exceto no Brasil, onde não circula comercialmente.

Terá um pouco das histórias de quem tem caminhado na vida impulsionado, em parte, pelo menos, pela ação do Instituto. Se é educador, encontra conceitos-chave que alimentam iniciativas transformadoras. Se é ativista social, vê algo do *know how* social que torna ideais em programas práticos. Se é jornalista, pode acompanhar como o Grande Prêmio Ayrton Senna de Jornalismo estimulou um trabalho honrável da imprensa e como profissionais premiados exerceram seu talento para ajudar o mundo a ficar um pouco melhor.

1994

A morte na sala de visitas

O trágico final da vida de Ayrton Senna provocou a maior comoção pública da história recente brasileira, embalada pelo poder de impacto da televisão. Durante todo o episódio, a instantaneidade das transmissões, a força dramática das imagens e a cobertura intensiva das emissoras ajudaram a formar um intricado oceano coletivo de emoções que tocava os olhos, penetrava a pele, invadia ouvidos, disparava os nervos. Puxava sentimentos adormecidos no mais fundo dos corações insuspeitos, sacudindo a alma numa gigantesca sequência crescente de catarse em ondas. Deste clima poucos escapavam, particularmente em São Paulo, a população imersa numa enorme tristeza que, apesar de tudo, teve aspectos positivos, de um astral elevado.

"Essa coisa muito forte da morte de um ídolo me pegou pela mídia", diz Carlos José Morais Dias, bancário. "Passei a ver tudo de cabo a rabo, a ponto de levantar às seis horas da manhã para assistir à chegada do corpo no aeroporto. Eu chorava na frente da televisão. Numa boa, porque eu achava que tinha que entrar no grande ritual que a televisão brasileira estava fazendo."

O ritual eletrônico, unindo em tempo psicológico instantâneo o fato distante e o telespectador, foi para Carlos, "uma coisa fenomenal". Sua avaliação não se refere a um possível lado espetaculoso, mas sim a um papel nobre que, entende, a televisão desempenhou:

— Sou totalmente contra quem acha que a televisão exagerou. Acho que tinha que mostrar mais ainda, porque o povo tinha que rever tudo aquilo, inclusive o acidente, uma série de vezes. Primeiro, para o povo entrar num processo de quase purificação, dentro das próprias casas. Segundo, porque pela primeira vez se viu um ritual fúnebre completamente diferente. Para começar, o funeral não era católico, não se viu nenhum padre ou bispo ir lá prestar solidariedade à família. A mãe tinha uma postura, diante da morte do filho, bem diferente daquilo tradicional que a gente tem, que parece tragédia grega, a mãe se descabelando sobre o caixão. Ela estava impassível. Vem a irmã, no cemitério, faz um discurso totalmente diferente, quase político.

Tudo isso ajudou o povo, na visão de Carlos, a descobrir um outro modo de encarar a morte, porque este é um assunto "não muito bem trabalhado pelo brasileiro". É importante, entende, que as pessoas vivenciem os rituais fúnebres de maneira consciente, despedindo-se corretamente do morto. Até mesmo apaziguando-se com ele.

Se o tema morte é ainda um tabu que precisa ser enfrentado com um grau de consciência que muitos não atingiram, a manifestação espontânea do povo demonstrou que o brasileiro reúne um potencial genuíno raro para a elevação dessa consciência. As tocantes manifestações das torcidas nos dois maiores estádios de futebol do país foram explosões públicas de afeto coletivo único, singular. O coro unido de torcidas rivais — cantando o refrão "olê, olê, olê, olá, Senná, Senná" — no Maracanã lotado para o clássico Vasco X Flamengo e no Morumbi repleto para São Paulo X Palmeiras, explodiu, incandescente de calor humano, do lado mais bonito da alma brasileira. Saltou daquele recanto protegido onde ainda imperam uma bondade, uma pureza e uma riqueza humana que a atribulada vida massacrante de nossos tempos felizmente não conseguiu destruir.

País cheio de contradições, desigualdades e desastres institucionais que todos nós conhecemos, o Brasil demonstrou, no episódio Senna, o quanto de grandeza pulsa no coração de um povo que mal descobriu sua força, ainda menospreza seu valor e desconfia da sua capacidade para construir a nação sublime que ainda poderemos ser. Senna partiu provocando um choque emocional coletivo sem precedentes, atuando como um espelho que nos remeteu a nós próprios, como indivíduos e povo, com uma intensidade talvez jamais ocorrida em nossa história.

Diante da morte violenta, rompem-se as estruturas mentais, os valores pessoais e coletivos que condicionam a nossa visão da realidade. As nossas "verdades" chocam-se com um muro de fatores imponderáveis que não conseguimos compreender. A incompreensão surge, quase sempre, da nossa teimosia, imposta pelo hábito, de querer ver as coisas sempre com os mesmos olhos. Somos pouco criativos diante da realidade porque vê-la sob nova perspectiva exige uma alteração da linguagem que usamos para perceber. Mudar a linguagem pode não ser fácil, porque requer um padrão novo de dados e conceitos com os quais não estamos acostumados.

Compreende-se por que muitos colunistas de jornais custaram a entender a grandiosidade do povo na morte do ídolo. O jornalismo é uma forma de percepção da vida contemporânea que se alimenta muito do intelecto para enxergá-la. A abordagem racional estreita da realidade, apoiada por uma falsa noção de objetividade, limita a compreensão mais ampla das coisas, porque fica presa a apenas um ângulo da verdade. Quando este ângulo é enfocado em primeiro plano, perde-se a visão de conjunto, já que a compreensão ampla requer qualidades que ultrapassam a lógica reduzida.

Exige também o mergulho fundo nas emoções, nas intuições e nos níveis sutis de percepção que só pouco a pouco estamos aprendendo a conhecer. Requer a humildade para admitirmos que muito do que nos cerca ainda é inexplicável. Pede a vivência integral, de corpo e alma, das experiências da vida, para que possamos ampliar a nossa capacidade de entendimento e atuação consciente na existência.

O povo, na sua maioria desprovido de formação intelectual convencional — que em excesso é mais um obstáculo limitante do que um trampolim de compreensão —, pôde deixar fluir o que de melhor havia para responder ao desafio da situação: a emoção genuína, a sensação intuitiva de que a morte do ídolo tinha um significado muito especial para cada um e para todos. Para o país mesmo, naquele delicado momento histórico de construção penosa de uma democracia ainda vacilante. Estremecidas pelo choque que pegou a população no contrapé naquele domingo primeiro de maio, as pessoas igualavam-se socialmente pela dor comum.

"Acabei indo ver o cortejo fúnebre passar, no cruzamento das avenidas Rebouças e Brasil", conta Silvia Poock, arquiteta em São Paulo. Continua:

— Esse tipo de coisa não faz o meu gênero. O Tancredo morreu, não fui ver. O Papa vem ao Brasil, não vou ver. Mas, enfim, o cortejo passaria a duas quadras do meu escritório. Resolvi dar um pulo lá. Nunca senti um negócio tão forte. Foi muito difícil segurar a subida da tristeza atroz. Todo o mundo em volta chorando. Todos os motoqueiros parados no trânsito, que já estava impedido, ligaram suas motos, ficaram fazendo aquele barulho de carro de corrida. Oito ou nove helicópteros sobrevoando, soltando papéis picados. O painel eletrônico dizendo "Adeus, Campeão!" Foi um negócio de louco! Eu, que estava indo com o propósito de ver o que estaria acontecendo em torno, me vi de repente — prrruut! — engolfada por aquela onda. A secretária do escritório voltou chorando. Meu chefe, um engenheiro mais velho do que eu, sisudo e tudo, voltou chorando. Isso a gente espera do povão, que se deixa levar mesmo. Quer dizer, pessoas que eu nem esperava, choraram.

O Brasil chorou lágrimas doídas, reconhecendo de súbito que havia perdido um grande filho, maior do que se estimava quando ainda vivo. O reconhecimento brotou comovente em ações como as das pessoas que, à margem da estrada por onde o corpo era transportado do aeroporto para a cidade, em São Paulo, formavam de mãos dadas um enorme coração sobre o gramado.

Chorei junto, pelos motivos coletivos e pelos meus. Surpreso em descobrir, de repente, que aquela figura amada pela verdade parcial que eu conhecera pelos meios de comunicação e pelas conversas com o treinador Nuno Cobra, tornava-se um querido irmão mais jovem que eu nunca tive. Tornava-se símbolo de potencialidades que só ele transformou em verdades extraordinárias, mediante um fantástico esforço de autossuperação. Deixei rolar, parei de racionalizar.

Chorei porque entendi o quanto da sabedoria natural da existência havia se concentrado num único ser humano, não para que ele fosse um mero campeão de Fórmula 1. Mas para que realizasse a tarefa de simbolizar para milhões o poder da vontade, a força da autoconfiança. Senna, espelho público da capacidade humana em contínua evolução, abrira como modelo um caminho onde talentos muito diversificados combinavam-se quase à perfeição. Chorei porque senti o quanto da generosidade das leis universais — as mesmas que governam a preciosidade do cosmos, o ritmo das marés, o ciclo das chuvas, o mistério da vida — havia se concentrado sobre aquele rapaz determinado. Chorei porque vi nele o compromisso de despertar no povo o sentimento nacionalista puro que ultrapassa os limites do patriotismo chauvinista.

Vivenciei, então, o que eu achava que sabia, mas só conhecia pelo intelecto. Nenhuma vida acontece por acaso, desprovida de significado. Nenhuma acontece isolada, sem marcar o mundo de alguma forma. A de um grande ídolo da nossa era, banhada pelos olhos eletrônicos da televisão via satélite que estende nosso sistema nervoso para o planeta inteiro, acontece como extensão da nossa, numa troca simbólica de expectativas e efeitos.

Os ídolos e nós fazemos parte de espectros diferentes de um mesmo contexto. Nossas vidas estão emaranhadas umas nas outras, porque compartilhamos um mesmo processo de evolução. Aprendemos juntos — eles concretizando, nós testemunhando — novas e múltiplas possibilidades de realizações da engenhosidade humana. Trocamos um tipo de energia sutil. Damos a eles desejos e sonhos, eles nos retornam façanhas e criações.

Quando a relação ídolo-massa é rompida com violência, a ruptura tampouco ocorre por acaso. Se a nossa consciência inteira

— intelecto e emoções, razão e intuições, compreensões lógicas e percepções sutis — é colocada na ruptura, o choque emocional da perda abre compreensões que dificilmente seriam acolhidas noutras circunstâncias. Se estamos alertas, vemos que as condições da ruptura, paradoxalmente, formam um cenário complexo, intrigante, sugerindo propósitos que desafiam nosso entendimento convencional das coisas.

Chamou-me muito a atenção Senna ter morrido num circuito de corridas que se chama Ímola. A palavra significa **sacrifício**. Também me causou estranheza ter ocorrido em primeiro de maio, Dia do Trabalho. E na sétima volta do terceiro grande prêmio do ano, num carro da Williams, a mesma escuderia que lhe dera a primeira chance para experimentar um Fórmula 1. A comoção popular no Brasil, por sua vez, criou uma atmosfera coletiva rara, especial. Sentia-se uma espécie de energia fortíssima, pairando no ar. Para mim, nada, muito menos desta magnitude, acontece por acaso.

Procurei entender e sentir todo o processo dentro de um quadro não convencional de explicações, arriscando procurar conhecimento nas mais diversas fontes. Comecei minha busca, ciente de que teria o que dizer, compartilhando uma visão nova e diferente para muita gente. Não iria assumir arrogantemente uma verdade linear, que pode ser confortável para a mente lógica, mas falsa e limitada. Quis apenas participar as minhas impressões, as minhas informações. Preferi sondar uma perspectiva que procura ser mais inteira, expondo possibilidades pouco discutidas, sem fechar conclusões. Desejei, com este enfoque, oferecer o que posso para os que se identificarem com o que vão encontrar neste texto.

Reuni o que eu sabia de aspectos pouco comentados sobre o extraordinário poder mental de Senna. Coletei conceitos derivados de

avanços recentes em campos de vanguarda das ciências mais areja-
das e menos castradas pela lógica excessivamente racionalista. Lem-
brei-me de conversas com Nuno Cobra. Bati, sem preconceito, mas
guiado por um critério de sensatez interna, na porta de gente que
transa conhecimentos não convencionais. Fui ouvir pessoas que não
são especialistas de nada, mas têm a sua própria história de como o
fenômeno Senna as tocou. Pedi para amigos ouvirem adolescentes
por mim, já que a morte do campeão tocou tanto os jovens.

Deixei fluir minha sensibilidade, aceitando todos os meus caminhos, os racionais e os intuitivos, para apreender o mais ampla-
mente possível o que eu conseguisse do sentido do que nos aconteceu em maio de 1994. E do que representou, transcendendo o
ambiente esportivo, a presença de Ayrton Senna neste mundo, neste momento histórico, neste país. E nesta conexão pungente com as
vidas de todos nós.

Em busca de significados

Nossas vidas estão entrelaçadas por uma série de relações sutis que mostram a caminhada de evolução da espécie humana, evolução da qual nossa trajetória individual faz parte. Temos um histórico, um presente e um futuro interligados. Também estamos conectados a tudo o que existe, num processo dinâmico, maravilhoso mesmo.

Esta maravilha, porém, só se revela quando subimos nossa percepção, saindo dos detalhes que desvirtuam o foco, para uma posição elevada, onde podemos ver o todo. A visão helicóptero, que nos descortina um trecho largo da floresta, não apenas as árvores próximas, que impedem a perspectiva de conjunto.

Fomos condicionados a acreditar que há uma separação rígida entre nós e o outro, o que acontece comigo aqui e o que ocorre lá fora. Mas é um engano. Uma das razões de ser da vida é, certamente, aprendermos a ultrapassar este foco limitante, segregacionista.

Ele é fonte de atos de violência contra o próximo, como as discriminações e o racismo. É uma das causas da violência do homem contra o meio-ambiente, da sua crueldade com os animais.

A vida pode ser entendida como um grande experimento em evolução. É como se ela, a existência como um todo, definisse uma direção da sua aprendizagem de autorreconhecimento e embarcássemos — nós, seres humanos e tudo o mais — num processo integrado de descoberta. O avanço de um serve para o avanço dos demais. E vice-versa. Esta possibilidade torna-se ainda mais evidente nesta era da telecomunicação global em que o cotidiano do mundo entra por nossa janela toda hora.

Só isto não basta, porém. É preciso um grau de atenção presente em nós próprios, assim como no ambiente em torno, para alçarmos voo acima do horizonte curto. Mais do que os meios eletrônicos ou a imprensa, o grande canal de comunicação, imbatível, foi e sempre será a vida mesma. A nossa e a de tudo ao nosso redor. Os sinais, as dicas, as sugestões nos provocam, nos estimulam. Nem sempre conseguimos acertar, é verdade, mas o aprendizado é este, da tentativa, da descoberta gradativa de horizontes largos.

Quando alçamos a vista, trazendo para a consciência a compreensão nova, damos um passo importante. Cumprimos mais um ato da nossa razão de ser, que é esta de descobrir a vida com visão ampliada. Com isso, atuamos simultaneamente em duas frentes. De um lado, com a nossa atenção sobre a natureza — uma planta, digamos —, a vitalizamos. De outro, recebemos de volta o reconhecimento que lhe demos. E nos energizamos. A vida é generosa, quando a aceitamos.

Que sinais haveria na morte de Senna? Que indicadores surgiriam para sinalizar o caminho em direção a um entendimento mais amplo daquele acontecimento dramático? Do seu significado para você, para mim, para todos nós? O que diz gente da psicologia e de escolas não convencionais de conhecimento? O que gritam para fora — angustiadas para poder se comunicar com você por cima dos seus próprios preconceitos — as suas entranhas, o seu coração, a sua intuição tímida, amordaçada numa esquina escondida do mais íntimo do seu ser?

Não há respostas universais. O que posso fazer é compartilhar com você minhas tentativas, as visões de algumas pessoas. Talvez isso confirme ou negue as suas, ou estimule você a explorar certas possibilidades. A realidade do mundo é múltipla, diversificada, complexa. Cada ângulo de percepção pode ser válido para formar o grande quadro completo que só aos poucos enxergamos, uns cooperando com os outros.

"A morte do Senna me bateu muito fundo", comenta Cynthia de Almeida, médica. " Há algum tempo comecei a tentar entender melhor essa transa da morte. Tinha chegado recentemente dos Estados Unidos, onde a gente fez um trabalho que teve a ver eminentemente com morte. São exercícios em que a gente aprende a travar contato com ela, a entendê-la como parte da vida, mesmo. Quando liguei a televisão, a sensação mais forte que tive foi que tudo aquilo fazia parte de todo um processo que afetava muita gente. Comecei a perceber uma sincronicidade dos meus processos interiores com os processos interiores de outras pessoas. Estamos numa fase de virada mesmo, muita gente deixando coisas antigas de lado, começando caminhos novos, virando páginas de suas vidas. Aí o Senna morreu na nossa frente, dentro de casa, nas casas de milhões de pessoas. A energia que isso brotou foi uma energia de morte muito forte, fazendo a gente compreendê-la de outra forma." Prossegue:

— Por isso, fizemos aqui, no nosso grupo de estudos, uma cerimônia em memória do Senna na sexta-feira, um dia após o sepultamento. Lemos um trecho do livro do Ornstein, em que ele conta uma experiência de **estado alterado de consciência** do Senna dentro de uma corrida. Daí, cada pessoa se concentrou no chacra cardíaco, no coração. O Senna havia morrido dentro de todos nós. Mas certas características dele nós também temos, pelo menos em potencial. E estas vão ficar vivas dentro de cada um de nós. A ideia então era cada pessoa perceber que característica era esta. Depois, pedimos a cada uma das direções cardeais para orientá-lo nesse processo de ele ir fazer o que precise fazer agora, se é que existe alguma coisa para ser feita após a morte.

Do texto do Ornstein, um especialista em cérebro nos Estados Unidos, falaremos mais à frente, neste livro. No momento, é oportuno comentar o conceito de **sincronicidade**, citado pela Cynthia no depoimento dela. É um dos elementos que tentam captar a nossa atenção para revelar novas conexões entre os fatos da vida, trazer sinais que orientam nosso rumo diante da existência.

O conceito, estudado em profundidade pelo grande conhecedor da alma humana que foi o psicanalista suíço Carl Gustav Jung, pode ser compreendido no contexto cotidiano de todo o mundo. Cruzamos hoje na rua com um antigo amigo que não víamos há muito tempo e em quem, *por acaso*, havíamos pensado ontem. Sonhamos com uma catástrofe num país estrangeiro. Dois dias depois vemos nos jornais a manchete do terremoto na China.

Quer dizer, ocorrem várias coisas, tanto no plano concreto das nossas ações, quanto nos níveis subconsciente e inconsciente, que assinalam onde estamos em cada momento da nossa vida, com que fenômenos e pessoas estamos de fato relacionados naquele instante, o que é importante priorizar. São símbolos sutis, evidentemente, organizados numa linguagem que em princípio não é lógica. É a nossa consciência que aprende a vê-los com clareza, como sinais de um mapa que orienta a navegação do viajante, respondendo perguntas internas nossas, sugerindo caminhos.

Quando a pessoa começa a dar atenção a esses sinais, eles multiplicam-se em intensidade, para a nossa consciência. Surgem de onde não esperamos. É só alguém precisar fortemente lembrar de um nome esquecido de uma empresa quando, de repente, lá aparece o nome, *por coincidência*, numa reportagem de jornal.

Aparecem para serem utilizados dentro do contexto do momento. Formam um código de comunicação. Tentam transmitir algo que precisamos aprender sobre os outros, sobre nós mesmos, sobre a vida. Sugerem que a existência é muito mais rica em sentido do que imaginamos. Mostram que a morte significa o término de um ciclo, mas abre outras possibilidades de transformação para quem permanece e, quem sabe, para quem parte.

Senna bate na sétima volta da terceira corrida da temporada. Dizem os numerologistas que o três significa o equilíbrio a partir do conflito. É um momento difícil, de parto, de nascimento do novo. O sete está associado a um ciclo que se completa, à conclusão de um processo. Pois não morre num Williams, onde começara? O 10, do décimo ano de carreira do Senna, em 1994, tem a ver com um grande ciclo ainda maior que o sete, um novo início cuja programação já está, então, realizada.

E bate em Ímola. *Sacrifício*. Não há conquista sem perda, nem nascimento sem morte. Sempre temos que desistir de alguma coisa para alcançar outra. As escolhas das opções que tomamos são por vezes inconscientes, fundas. Dizem que, num nível muito sutil, as pessoas escolhem as características mais importantes de suas vidas, até mesmo as condições básicas de suas partidas deste mundo.

Don Juan, o velho sábio índio, mestre de Carlos Castañeda em seus livros, conta isso. Passeando na Cidade do México, aponta uma cena em praça pública para explicar que às vezes, lá no fundo, a pessoa escolheu morrer ao ar livre, os olhos registrando o mais abertamente possível a última imagem deste plano de existência.

Terá sido dessa forma que, no âmago mais íntimo do inconsciente, Senna tenha aceitado ir embora? Não me refiro ao Senna personalidade, ego. Este, naturalmente, queria viver, tinha um instinto apuradíssimo de sobrevivência. Quantas vezes tinha escapado de complicações potencialmente fatais nas pistas, por puro instinto, amor à vida? Inúmeras. O seu talento extraordinário tirando-o de enrascadas perigosas.

Estou comentando um outro plano de foco. Aquele de um **eu interno** que temos, conhecedor de mistérios profundos. Um **eu** confirmado por Cristo na cruz. Jesus vacila, humano, em dúvida por que o Pai O abandonara. Mas depois aceita Sua vontade, sabendo que havia um sentido mais amplo do que a simples preservação do ego, naquele drama todo. Sacrificava o ego, conquistava a Iluminação. Isto é, um grau de consciência que resgata, quando a alcançamos, dizem filosofias profundas, a sabedoria perene do ser interno.

Que afasta todas as ilusões. Que descobre, em primeiro lugar, exatamente isto: que somos mais do que um ego, uma personalidade, um personagem de um papel social determinado, um cidadão de um país, um profissional disto ou daquilo. Que temos uma realidade interna pronta para atuar conosco, junto com o ego, em direção a uma trajetória de vida consciente, profícua. Que transforma todos os conflitos, transcende toda dor, integra o ser com o pulsar vivo da existência que é tudo. E que, no caso de Cristo, beneficia a humanidade inteira com sua luz.

Procurei compreender o que poderia ter representado tudo aquilo para ele, Senna. Confiei na minha intuição interna, estimulei-me a receber alguma explicação. As respostas vieram. Não posso dizer que as entendo inteiramente. Nem quero desprezá-las, tampouco, porque as considero muito válidas. Um dia, talvez, a compreensão seja absolutamente certa. Posso aqui, neste momento, apenas compartilhar com você, de peito aberto, dois **sonhos** daquela semana dramática.

— Na madrugada do dia três de maio, Senna surge para mim. Sereno, até mesmo alegre. Explica a condição de sua morte:

— Eu tinha pedido a Deus para me iluminar. O que eu buscava era isso, a minha Iluminação. Por isso, eu estava eufórico. Consegui!

Fiquei intrigado com aquilo. Na noite do dia quatro, fiz uma cerimônia individual à memória e ao ser interno de Senna. Pedi uma confirmação do sonho anterior. Bem de manhãzinha no dia cinco, o dia do enterro, sonhei o seguinte:

Sou conduzido para ver do alto, um pouco à distância, uma cidade belíssima. É toda iluminada, translúcida, quase transparente. As construções são de material sutil, etérico. As cores são múltiplas, brilhantes, alegres. Vibram de luz.

Entendo, instantaneamente, que se trata do local para onde está sendo levada a consciência interna, divina, de Ayrton Senna. Aquela que escapa à morte física e registra o aprendizado de cada existência terrena da alma.

Faz sentido?

Para muita gente, sim. Para Suely Zasnicoff, por exemplo, psicóloga ligada à antroposofia, escola de conhecimento não convencional dos diferentes planos de existência. Comenta:

— Tudo está ligado dentro de uma trama cósmica muito grande. Não há uma única folhinha de árvore que caia sem ter razão. Houve toda uma simbologia que aconteceu na hora do Senna ir embora. Para mim, Ímola, que é o sacrifício, é mesmo a palavra-chave. Do ponto de vista espiritual, na realidade o que ocorreu foi um grande sacrifício de uma alma. Que parte para o mundo suprassensível, sacrificando a vida que está tendo aqui, por uma dádiva maior.

Continua:

— A pessoa que parte jovem ainda tem uma identificação plena com seu corpo físico. Quando chega ao plano suprassensível, é capaz de ver de maneira muito clara a relatividade que existe entre o corpo físico e essa essencialidade da vida, que ultrapassa ao físico. A alma de um jovem que parte assim, ganha uma noção de essência do ser humano muito maior do que alguém que parte por doença ou pela idade. Essa alma, quando reencarnar, voltará impregnada de muita espiritualidade. De modo que quando chegar novamente aqui, vai ser uma grande luz. Um grande Mestre, talvez.

Desejos internos e aspirações que brotam do mais fundo do ser?

É difícil afirmar alguma coisa. Mas é burrice não registrar indícios importantes. Todos sabem que Senna tinha um lado místico. Afirmou ter visto a imagem de Jesus no circuito de Suzuka. Lia a Bíblia. Declarou que gostaria de pregar o Evangelho, quando parasse de correr.

Se para ele, descobrir a verdade múltipla da vida pode ter sido um dos sentidos deste eventual sacrifício — palavra que significa, por sinal, santo *ofício*, um ato destinado a um propósito maior —, qual foi o sentido para o Brasil? O sentido que as pessoas captaram?

Vendo aquela cena intrigante em que contempla longa e estranhamente a sua Williams, antes de partir para a largada em Ímola, Manuela Leite de Godoy Camargo, estudante, não teve dúvida:

— Ficou muito claro, para mim, que ele tinha a intuição que iria morrer. Ando estudando sincronicamente algumas coisas dos gregos clássicos e a questão do Cristo. Os gregos como que gestaram a vinda de Cristo. No final das tragédias todas, sempre havia alguém que se sacrificava, para o bem da Grécia ou de alguma outra coisa. Aí quando pintou a informação de que o Senna não queria correr, me pareceu como a última tentação de Cristo. Ele não queria ser imolado. Mas depois entendeu que tinha que ir, eu acho. Nada disso é racional. Ele não ficou pensando nessas coisas todas, logicamente. Mas o significado é este. E aí as sincronicidades todas têm a ver com o despertar do Brasil. A coisa está chegando, está acontecendo. Mas sempre há a necessidade de um sacrifício para um despertar.

Um país em mutação

O que é o despertar?

No caso do indivíduo, é conscientizar-se de todas as suas potencialidades, do seu propósito mais fundo para viver, da sua missão de vida. E dos obstáculos que formam armadilhas contra si próprio. Obstáculos gerados por ele mesmo, pela sociedade, involuntariamente até pelos pais, pelas ideologias, pelas religiões. Boicotam sua felicidade, impedem que evolua para uma condição melhor.

A pessoa é pressionada pelas circunstâncias, numa certa fase da vida, a mergulhar fundo nisso tudo. A desfazer os nós. A se perdoar e perdoar aos outros, inclusive aos pais. A reconciliar-se consigo mesma. Partir para viver melhor. Jung chamava isso de **individuação**. Proponho refletir um pouco sobre essa questão e o Senna, noutro capítulo.

Por enquanto, convido a pensarmos no que é o despertar para um povo, uma nação inteira. Como nós, indivíduos, fazemos parte do todo, estamos banhados pelas condições da raça, do povo, do país ao qual pertencemos. Um povo, assim como o indivíduo e um país, transitam por ciclos de evolução rumo a uma qualidade superior.

Um país também tem sua trajetória. Nós juntos, integrados a ele, imbricados com ele. Vem de um passado, caminha num presente, almeja um futuro. Um país é uma condição abstrata, de um lado, e uma condição geográfica que ajuda a materializar essa realidade subjetiva, de outro. Tem, digamos assim, sua vocação mais profunda, que se reflete sobre as pessoas que nele habitam.

O andino do Peru é introvertido, melancólico, porque a magnitude dos Andes e o frio intenso fazem o indivíduo ver-se pequeno, diante da Natureza. Lançam-no para dentro de si próprio. Ele tem de estar quieto para concentrar em si mesmo a energia básica da vida, que é a do sol, mantendo o calor. O carioca, por sua vez — que reflete uma das características por excelência do povo brasileiro, a alegria —, é extrovertido, falante, porque o sol abundante e as praias dão-lhe muita energia para expandir-se. Ele tem que extravasá-la na arte, na sensualidade, na sexualidade. Aprisioná-la em si mesmo é desconfortável, impossível.

Mas um país é também o que a sua gente faz dele. E isso depende de como o povo se vê, de como se identifica, do que acredita ou despreza de si próprio. Por isso, a nação é o resultado de um propósito coletivo que o povo se dá, a partir da mentalidade aceita num dado momento histórico.

Mentalidade significa um conjunto de valores aceitos como verdade pela maioria. Pelos que têm o poder para dirigir o rumo das coisas, pelos que aceitam as regras do jogo do qual todos participam, voluntária ou involuntariamente.

Assim como o indivíduo, um povo e um país mergulham ciclicamente em instantes históricos de crise profunda. Crise que ultrapassa a questão meramente política, a condição econômica, o sufoco do momento. Que envolve tudo isso num contexto integrado por vários fatores, formando uma rede intricada de relações. O povo é impulsionado para reflexões profundas.

São instantes de revisão doída, mas profícua, da autoidentidade, dos valores que nortearam a caminhada até aquele ponto, de seus vícios e virtudes. Dos valores redentores que se quer cultivar. Forçam a descoberta de verdades profundas, além das aparências mais evidentes.

Verdades espirituais, mesmo, sagradas. Não as condicionadas em caixinhas comprimidas pelas religiões manipuladoras da consciência humana, nem por misticismo barato. Verdades sábias, mas que se apresentam simples, no aqui e agora de cada momento, no cotidiano. A beleza divina da existência manifesta-se nos fenômenos mais complexos e nas ações menos glamorosas. As verdades estão aí, mas a recusamos, como a avestruz que esconde a cabeça na areia, achando que assim a realidade que não quer ver não existe.

Por isso é necessário um choque muito forte para romper com o padrão de percepção da realidade que está gasto. São necessários olhos novos, a partir da crise, para construir outros propósitos, plantar novos valores, semear novas possibilidades. Da ruptura surge a transformação, que pode ser para melhor, se houver consciência. Para pior, se imperar a inconsciência.

Como teimamos em não querer enxergar o que está à nossa frente, muitas vezes são figuras carismáticas que atuam como desembaçadores de espelhos ou que quebram o padrão antigo, para o novo poder surgir. O papel dessas pessoas muito especiais pode alcançar o clímax em condições particulares extremamente raras, em que todo um contexto dramático favorece o salto da compreensão para um nível surpreendente.

Ayrton Senna da Silva é, sem dúvida, no jogo dramático da consciência coletiva brasileira no final do século XX, a pessoa que — pelo alcance massivo de sua imagem e pelas circunstâncias de vida e morte — deu a contribuição mais valorosa para a mudança do padrão de autopercepção do brasileiro. Mais do que uma contribuição simbólica, seu desaparecimento desencadeou um processo energético extraordinário, evidenciando uma potencialidade que está imanente no povo. Filho do Brasil, carregava em si qualidades originadas dessa terra, potencializadas a partir das sementes latentes em muitos de nós próprios. Com sua vida, personificou um momento coletivo de abertura para a mutação de todos nós.

"Uma das coisas que me impressionou muito é como a morte do Senna tocou todas as pessoas", comenta a médica Cynthia Almeida. "Acho que foi criado um grande **campo morfogenético** de luto. Independentemente de você ter visto televisão ou não, foi gerado um **campo** que entrou por todos os cantos. Até hoje, mesmo para mim, que estou repassando essa coisa das perdas, me dá um nó na garganta quando penso nesta morte. Foi uma cerimônia que me impressionou demais mesmo. Nunca vi um fenômeno desta força. Os meios de comunicação tiveram um papel importante, fazendo com que esse ritual fosse o mais colocado. Todas as pessoas tinham um contato com essa coisa de uma forma muito forte." E sugere:

— O Brasil talvez esteja começando a despertar em algumas áreas. Por exemplo, esse movimento todo que aconteceu com a queda do Collor, o povo saindo às ruas, um simples motorista atuando como instrumento importante de um processo de conscientização política. Aliado a isso, fico impressionada, no posto de saúde onde trabalho, com a quantidade das manifestações de espiritualidade que estão permeando a vida de todo o mundo. É uma coisa impressionante. Do candomblé à umbanda, passando pelo espiritismo kardecista, pintam todos os caminhos que você possa imaginar. Tem uma espiritualidade aparecendo que eu não via há um tempo. Tem esta mudança de valores. Estamos entrando noutro ciclo. Parece que tem uma coisa inconsciente que está diminuindo o exagero do individualismo, partindo para algo mais global.

Completa:

— Neste sentido, o Senna era o representante máximo do individualismo, mesmo tendo um contato grande com as pessoas. Porque ele foi o cara que deu certo, dava a impressão que tinha aberto o caminho sozinho. Claro que ele tinha as outras características também, era uma ponte mesmo. Então, se alguém tinha que morrer, para ser um marco da mudança, não podia ser um astro do vôlei, que joga em equipe. Tinha que ser alguém como o Senna, para ser o mártir desta virada.

As mudanças não são fáceis porque as pessoas se acostumam com o que conhecem. Ficam muito aprisionadas, temem o novo. Mas acontece que tudo caminha por um processo de renovação, porque a essência da vida é criar, experimentando possibilidades inéditas. Como há uma sabedoria infinita por trás de tudo, surgem condições que favorecem o rompimento com os valores do passado, abrindo oportunidades para ideias e ações transformadoras.

A questão dos **campos morfogenéticos** pode ser entendida neste contexto. Foi o termo que Cynthia empregou para se referir, por analogia, ao clima psicológico do Brasil, na morte de Senna. A

morfogênese é o processo da natureza mediante o qual as coisas ganham forma. É o que permite que todo gatinho novo tenha a forma de gato, por exemplo. Um **campo** é uma concentração de realidade não material, energética, localizada no tempo e no espaço, que exerce influência sobre a realidade material, física. O campo gravitacional da Terra, por exemplo, faz com que fiquemos presos ao solo e não despenquemos para fora do planeta, caindo no espaço sideral. Os **morfogenéticos** são **campos** que dão forma e organização às coisas, criando possibilidades novas, inclusive no plano da vida humana e da vida das sociedades.

O assunto continua mal compreendido pela ciência tradicional, porque ela insiste em querer ver a Natureza como se fosse uma máquina, funcionando por meio de leis mecânicas, rígidas.

Há uns poucos anos, porém, o biólogo inglês Rupert Sheldrake rejeitou esse modelo, sugerindo que a Natureza, altamente criativa, evolui regida por um **campo morfogenético** que contém uma memória coletiva. É essa memória que possibilita a evolução da existência para condições de melhor qualidade, porque registra experiências e transmite possibilidades, do plano da energia para o plano da matéria. Como tal, é também um campo de informações.

Está claro e aceito o raciocínio, hoje em dia, de que a realidade é constituída de matéria e energia. Os dois elementos relacionam-se entre si. A energia é o potencial de força, a matéria é a concretização de uma ação cuja probabilidade estava na energia. O nosso corpo físico — elemento material — está envolto por um campo eletromagnético — elemento sutil — que possibilita o funcionamento do cérebro, por exemplo. Sem ele, o cérebro é apenas uma massa inerte, sem vida. O elemento sutil transporta probabilidades, ideias. Mas precisa transmiti-las ao elemento material, para que ganhem forma, concretizando-se. Você está apaixonado, de repente "sente vontade" de escrever um poema de amor. É uma manifestação do nível energético do seu ser. Aí você pega papel, caneta e escreve o poema. É a concretização de um potencial energético, transformado em ação.

No caso das sociedades, a questão dos dois níveis — o material e o energético — relacionando-se entre si, pode também ser compreendida. Até um tempo atrás, os países do Leste Europeu tinham um modo centralizado de organização. A economia era estatizada, o Estado vinha acima de tudo. Os desejos individuais tinham de se sujeitar aos ditames das cooperativas coletivas, dos comitês do partido no poder, dos dirigentes. Por falta de concorrência, os produtos industriais eram geralmente ruins. Tentava-se igualar tudo e todos, gostos e padrões. Mas a vida é feita de diversidade.

Essa realidade material, concreta, procedia de outra realidade sutil. A das crenças, ideias e valores que determinavam o modo como aquelas sociedades viviam. Quer dizer, de um lado estava a matéria, concretizando uma possibilidade. De outro, a energia que a continha em forma não manifestada.

Como tudo deve se transformar, porém, de repente um após outro desses países entraram em mudanças profundas, numa sequência eletrizante que pegou o mundo de surpresa. O Muro de Berlim caiu, o império soviético desmembrou-se, governantes tiranos foram destronados, a atividade econômica abriu-se para a economia de mercado.

O que aconteceu é que num tempo historicamente curto, a partir da revolta dos sindicatos na Polônia e da abertura de Gorbatchov na União Soviética, um outro conjunto de ideias, diferentes do padrão estabelecido, de súbito *desceu* para o plano das ações concretas, formando uma conjuntura altamente favorável à mudança do rumo das coisas. Formou-se um **campo** fortíssimo de compreensão diferenciada da realidade e de energia disponível para a atuação transformadora da sociedade.

Quando aplicado a temas sociais e culturais, o campo **morfogenético** refere-se a uma conjuntura abstrata de probabilidades que se tornam de repente compreensíveis, conscientes, formando uma extraordinária rede de energia psicológica entre as pessoas. Dá uma força fantástica para a ação coletiva de mudança de atitude, de transformação de um padrão anterior. Pode direcionar a mudança para uma situação melhor porque derruba crenças antigas que impedem a sociedade de perceber claramente seu potencial. Atinge membros da sociedade onde quer que estejam. E o faz, tenha o indivíduo ligação ou não com a situação-chave que desencadeia o processo.

"Eu estava fora do Brasil no dia da corrida", conta Eduardo Augusto Camarote, dentista. "Aliás, acho a Fórmula 1 meio chata, nunca tive paciência de assistir uma corrida." Continua:

— Onde eu estava, fiquei sabendo da morte dele mais tarde, no mesmo dia, porque uma pessoa que estava conosco recebeu um telefonema do filho. Recebi friamente a notícia. Não me tocou. Mas um amigo que era muito chegado ficou emocionado. Falou: "Pô, esse cara era meu ídolo!" Aí aquilo bateu. E então aconteceu algo marcante para mim. A gente estava montando um trabalho, que era um pôster. Estávamos num congresso. Tanto o nosso grupo, como um outro grupo de amigos, que estava montando um trabalho diferente, saímos procurando uma bandeirinha do Brasil para colocá-la no pôster. De repente, levantou essa coisa de ter orgulho de ser brasileiro.

Silvia Poock, a arquiteta:

— Houve um resgate do patriotismo mesmo. Poucas semanas após a morte do Senna, fui ao ginásio do Ibirapuera assistir ao *Holliday on Ice*, espetáculo americano de patinação no gelo. O tema deste ano é super babaca. Confraternização entre nações e uma guerrinha Estados Unidos versus Rússia, Tchaikovsky versus música americana. Coisas do gênero. Um tema que não empolga. Você sente o Ibirapuera inteiro assistindo sem pique. As crianças gostam, é claro, quando acendem as luzinhas, e tal. Mas é só. O espetáculo é fraco. Superfraco. Só que tem sempre o *grand-finale*. Há dois personagens, que são uns ursos grandes, bonequinhos. Esses ursos, no final, entram os dois segurando a bandeira do Brasil. Eles de patins, a bandeira tremulando ao vento. E o Ibirapuera veio abaixo! Parecia que o Brasil tinha ganhado a Copa. Todo o mundo se levantou na hora. O público ficou de pé. Aplaudiu. Eu vi gente com os olhos cheios de lágrimas.

Senna manteve no alto, a carreira inteira, o orgulho coletivo do Brasil. Assumiu, num momento de abatimento generalizado, a capacidade de realização que queremos ter como povo. Consolidou sua figura de símbolo, justiceiro vingador de derrotas que tombam a moral da população, um dia após a seleção de futebol ter sido eliminada pela França da Copa de 1986. Com a garra que lhe era peculiar, consolou uma nação inteira carregando a bandeira brasileira na sua volta da vitória no Grande Prêmio dos Estados Unidos.

Com Senna, o Brasil personificava o seu desejo e o seu potencial para vencer no mundo, com as regras e no terreno dos outros. Ser um craque de futebol que vence lá fora é ótimo, mas talvez não cause o mesmo impacto para muitos. Afinal, o futebol é *nosso* mesmo. Nós o reinventamos, transformando-o totalmente em coisa nossa desde que um bando de craques e um garoto de 17 anos sacudiram o mundo na Copa da Suécia.

A Fórmula 1 é diferente. É um esporte *deles*. A tecnologia e as equipes são de primeiro mundo, o poder político é europeu, a tradição é inglesa. Só restava, para nós, o talento humano individualista. O caminho que o também estupendo Émerson Fittipaldi abriu há muito tempo, sinalizando a rota para gerações contínuas de talentos jovens brasileiros. Nenhum deles superou Ayrton Senna em ímpeto, coragem e até mesmo rebeldia.

Rebeldia contra o sistema. Grito contra o preconceito de gente que se julga superior pelo simples fato de ter nascido no norte, do outro lado do Atlântico. Contra as regras dos cartolas, as patifarias que se escondem por trás das etiquetas de elegância.

Senna, talento em ascensão, ainda garoto, está para dar um verdadeiro banho na estrela todo-poderosa Alain Prost, sob chuva em Mônaco, quando os organizadores se apressam para evitar o vexame. 1984. Desafia o senhor dos destinos nos circuitos internacionais, peitando Jean-Marie Ballestre, presidente da Fisa — Fédération *Internationale du Sport Automobile* —, entidade que comanda o automobilismo de competição. Briga feio — e não esconde — com Prost, os dois já na mesma equipe, acusando o outro de manobras sujas de bastidores. Bate de propósito em Suzuka para ser campeão. 1990. Estranha na Inglaterra que a torcida e a imprensa manifestem às vezes comportamento deselegante contra suas vitórias, já que obtidas com um carro de equipe inglesa, as vitórias são também inglesas.

Vence, digamos, do nosso jeito. Com garra. Até certo ponto, com *nossas* regras. Não se intimida com as pressões. Ao contrário, cresce contra elas. Parece demonstrar, no princípio, até uma arrogância nas vitórias, vingando-se com a arma mais eficiente e indiscutível, que é a superioridade na pista. Valoriza o Brasil não só com a bandeira nas corridas, mas chamando a atenção para aspectos que às vezes desprezamos, de tão óbvios.

Em novembro de 1990, fazendo o seu preparo físico na pista de atletismo da Universidade de São Paulo, diz de sorriso aberto, a um repórter, que não acredita que nenhum adversário europeu possa igualar-se a ele neste aspecto:

Podem correr, treinar, fazer o que quiserem, que não terão o mesmo resultado. Afinal, onde é que eles vão arranjar um solzão destes?

O *solzão destes* pode ser também o potencial nosso, de povo, e de país, no qual ele acreditou sempre com igual fé ferrenha. Sua carreira atravessou os consecutivos baixos astrais de planos econômicos frustrantes, corrupção desenfreada, desmandos políticos, instituições falidas, violência crescente, miséria vergonhosa.

É verdade que um importante movimento de mudança já vinha ocorrendo. A queda do Collor, a ação contra os corruptos na política. O desaparecimento de Senna ocorre num momento de ascensão dessa consciência, antecipando o que viria acontecer em seguida no país em 1994, nascendo um clima de otimismo que há muito não se via. Neste clima, pode ser difícil recordar como Senna navegou sua carreira durante um período inteiro de expurgo coletivo em que o brasileiro sentia vergonha da nacionalidade, amargava ter nascido num local que tem tudo para dar certo, mas vem dando muito abaixo do seu potencial. E que tem patinado em ineficiências homéricas. Por trás da lama, Senna via a flor em ensaio. Autoconfiante, não caía no jogo da inferioridade que, enquanto povo, às vezes caímos.

O caso tem a ver com o contexto dos campos morfogenéticos. O padrão de valores e crenças de um povo é construído com o tempo, cristalizando-se em *verdades* que se acomodam na mente coletiva. Além de usar sua própria mente, que tem características individuais, a pessoa interage com e é influenciada por elementos mentais procedentes de um nível de inteligência supraindividual formado pelos grupos humanos.

Por exemplo, muita gente no Brasil acredita que os japoneses e seus descendentes dirigem mal. Mesmo que nunca tenhamos sido fechados por um, no trânsito, dirigimos com cuidado perto deles, porque assumimos a *verdade* que ouvimos de outros. Mesmo sem testá-la. Tendemos também a *desvirtuar* a realidade para vê-la conforme fomos condicionados, pela sociedade, a encontrá-la.

Essas *verdades* transitam preferencialmente, nos grupos sociais, pelo **inconsciente coletivo**. São passadas de uma geração a outra, através de complexos processos psicológicos carregados de símbolos, formando uma espécie de memória das raças e dos povos, que o indivíduo herda naturalmente ao nascer. Ajudam a formar a autoimagem da pessoa, como integrante de um povo, além da imagem que faz de seu próprio país. Como se trata em grande parte de uma herança, a imagem que recebe vem moldada pelas experiências de outros que viveram antes dela. Diante dessas *verdades* antigas, incutidas quando o indivíduo ainda é muito jovem, não há muita defesa. A pessoa cresce com elas impregnadas em sua mente. Se forem falsas em relação à realidade, a pessoa vai ser influenciada por elas como se fossem válidas.

Uma certa falta de amor, de orgulho e de apego ao Brasil, que muitos sentem, vem, portanto, de muito longe. De quando nossos antepassados colonizadores aportaram aqui, loucos para explorar ao máximo as riquezas da terra, fazer o pé-de-meia rapidinho, que não puderam fazer na Europa e voltar para a metrópole como gente valorizada socialmente, aceita então entre os nobres da corte. Com esse tipo de mentalidade, a ideia mesmo era explorar, vilipendiar esta terra.

Olhando-a com olhos europeus, o referencial era sempre a Europa, o padrão de civilização que já se tinha alcançado por lá, e que aqui não existia, naturalmente. Este é o drama. Nós olhamos para a realidade com os olhos do passado, do condicionamento cultural que tivemos antes. Dificilmente enxergamos a realidade com olhos inocentes, virgens.

Mais tarde, muitos europeus que emigraram ou trabalharam aqui, trazendo a *modernidade* da Europa para esta terra *atrasada*, nos viam com olhos de superioridade. Primeiro, porque o padrão de referência era o deles. Comparando o Brasil aos países europeus, não tínhamos avançado muito em organização social, política ou econômica. Segundo, porque o sentimento de superioridade lhes dava forças para nos submeter e nos dominar. A arrogância intelectual que tinham vinha de uma enorme fachada que escondia as baixarias por trás do progresso e do desenvolvimento que alcançaram nos últimos séculos.

Afinal, de onde procedeu a riqueza que alimentou os tempos áureos de Portugal, da Espanha, da ascensão da Inglaterra e da França? Das colônias nas Américas, na África, na Ásia.

Como foi acumulada essa riqueza? Pelo roubo, pela conquista bélica, pelo extermínio de povos, pela extorsão, pela esperteza maldosa jogada sobre povos ingênuos, despreparados para a crueldade humana. Tudo patrocinado pelos governantes *civilizados* da Europa. Não eram os ingleses que tinham inventado a figura do bucaneiro, pirata dos mares autorizado a pilhar os outros com a benção de Sua Majestade? E que outro continente do mundo tem mais registro de guerras, patifarias de bastidores do poder, puxadas de tapetes e traições vergonhosas do que a Europa, ao longo da história? Quer dizer, é um engano achar que a modernidade que demonstram hoje tenha sido construída sobre a pureza e a ética. Não cabe deitar falação de superioridade.

O pior é que nós caímos no jogo. Acreditamos que somos inferiores, porque a realidade prova isso. *Prova* porque usamos os parâmetros europeus para nos conhecer. Não os nossos próprios, que nem sempre eles entendem. Acreditamos que o país é desprezível porque o olhamos com os olhos distorcidos que nos foram emprestados. Não com os nossos, que podem enxergar o que eles não veem.

Se o Brasil é pobre em pensadores originais nas ciências e na filosofia, existe outro povo tão criativo quanto o nosso na criação de um espetáculo de massa tão empolgante, combinando tantas artes diferentes, quanto o carnaval carioca? Se é frágil em literatura, existe outro tão original e prolífico na produção de sua música popular? Como é que se pode querer comparar as prainhas raquíticas europeias com as exuberantes praias tropicais nossas? E qual é o país, que somados os campeonatos de seus pilotos, foi campeão da Fórmula 1 o maior número de vezes? Nós, com oito! Claro, a Grã-Bretanha tem 11, mas aí estão computados cinco campeonatos de escoceses e seis de ingleses. Além do mais, eles começaram a disputar muito antes do Brasil. Afinal, a Fórmula 1 é esporte europeu.

Ayrton Senna demonstrou tudo isso. Quebrou o espelho enviesado, provou que podemos ser no mínimo iguais, a nosso modo. Que muitas vezes podemos competir e superar. Telegrafou quais são as armas que temos. Sinalizou o nosso potencial. Foi parte decisiva, no último ato de sua vida, de um grande momento mágico em que uma rara combinação de forças tocou nossas mentes e corações para mudar de vez a direção do nosso olhar.

Nosso herói impecável

O despertar de patriotismo que o Brasil viveu com Ayrton Senna da Silva aconteceu graças à identificação surpreendente entre o país e o cidadão. A começar pelo nome, brasileiro ao extremo, comum, sem sinalizar nenhuma força especial. Não prenunciava o vulcão latente por trás do rapaz tímido. Sentava-se num carro de corridas, entrava em erupção. Completamente aceso na força que o fazia romper caminhos com uma fúria avassaladora, degrau após degrau da carreira.

Na Fórmula Ford 1600 inglesa, 21 corridas, 12 vitórias em 1981. Na Ford 2000 o ano seguinte, 30 corridas, 23 vitórias. Em 1983, 21 corridas na Fórmula 3, com 13 vitórias. Na Fórmula 1, a estatística de recordes e êxito que todos conhecem. Três campeonatos, 41 vitórias, 65 *pole positions*.

Saía daqui para mostrar excelência lá fora. Um talento primoroso, primeiro reconhecido na Europa, como exemplifica o apelido de *Silvastone* dado pelos ingleses, devido ao número de vezes em que ganha no tradicional e britânico circuito de Silverstone, enquanto ainda está nas categorias inferiores. Disputa oito provas nesse autódromo, na Fórmula 3. Ganha seis.

Se as condições externas para as vitórias são encontradas na Europa, com a infraestrutura automobilística consolidada por lá, é daqui que procedem as condições internas, sutis, que alimentam o vulcão. Porque os destinos dos dois, do homem e do país, cruzam-se de um modo raro.

Senna nasce sob o signo de Áries. Um signo de fogo regido pelo deus guerreiro Marte. Pioneiro, rompe fronteiras. Impetuoso, abre caminho para si e para os outros. Quando nasce, dizem astrólogos, sua carta astral, de vencedor, apresenta uma conjugação muito forte com o mapa astrológico do Brasil. Entre os dois, uma complementação marcante, Senna representando o mito astrológico de herói do Brasil. Quando parte, comenta a astróloga Cláudia Lopes no jornal paulista **Diário Popular**, a configuração astrológica mostra o Brasil passando por um tremendo processo de transformação. O herói se vai, missão cumprida, deixando como órfão "um povo grande e com coração de criança, que precisa começar a crescer".

Se vamos realmente crescer, é algo que o tempo dirá. O fato é que o recado foi dado, recebido com emoção. E entendido. "Eu passei a semana inteira, após o acidente, tentando transar o que estava sentindo em relação à morte dele, mais forte do que jamais teria imaginado que sentiria se ele morresse", conta Silvia Reni Bortoloni Uliana, médica. Segue:

— Fiquei lidando com aquilo, assim, sem muito saber o que fazer. Até que fiz uma conexão com uma característica brasileira. A tal da Lei de Gérson.[1] Foi uma grande bolação publicitária, aproveitando-se de uma *característica* psicológica, que faz parte do jeitinho brasileiro. Virou lei mesmo. A propaganda que o Gérson fez explica grande parte do comportamento que a gente pode chamar de *ruim* do brasileiro.

Prossegue:

— Mas o que o Senna tinha de forte, e estava mexendo comigo de uma certa maneira, era o oposto disso. Era a coisa boa do Brasil. Então, fiquei com uma ideia, que depois acabou morrendo, que era de escrever para um jornal, propondo que a gente faça a Lei do Senna, em contraposição à Lei do Gérson. O Senna me parecia ser uma pessoa que tinha um objetivo pessoal muito claro. Ele fazia tudo para conseguir aquilo. Mas junto com isso, tinha uma consciência muito mais aberta, que a gente pode chamar simplisticamente de consciência do bem. Podia ser exemplificada por aquela coisa de ele fazer doações para o Hospital das Clínicas de São Paulo. Para os seringueiros do Acre. Mais do que isto, ele me parecia ter uma preocupação mesmo em promover o bem para as pessoas. Podia ser qualquer coisa, desde melhorar a consciência delas, até ajudar quem estava com fome. Qualquer tipo de coisa que tivesse a conotação de melhorar tudo o que estava acontecendo em volta dele, não só a ele próprio. Essa seria a Lei do Senna.

Para muitos, era um ídolo que unia, de um lado, determinação férrea, perseverança, coragem. De outro, simplicidade, bondade,

---

1 Gérson de Oliveira Nunes, um dos heróis do tricampeonato mundial da seleção brasileira de futebol em 1970, gravou em 1976 um comercial para os cigarros Vila Rica cujo mote era leve mais vantagem. Gérson dizia: "Gosto de levar vantagem em tudo, certo? Leve vantagem você também". Anos depois, a propaganda seria vista como mensagem de mau gosto, politicamente incorreta, apologia de um certo lado vil, egoísta e mesquinho escondido por detrás da nossa face de povo simpático.

modéstia e até humildade. Homem de poucas palavras diante dos meios de comunicação, aproveitava seu enorme prestígio, por vezes, para conduzir a conversa com os repórteres para além do ramerrame rotineiro de carro, treino e corrida. Quando sentia clima, falava de como agia na vida com consciência. De como as pessoas podem fazer o mesmo, encontrando caminhos para se superarem.

Para um repórter do jornal **O Estado de São Paulo** que lhe pergunta, após ter se sagrado tricampeão, em 1991, se suas conquistas o tornam uma pessoa diferente, a resposta dribla o endeusamento, colocando o leitor de imediato em primeiro plano: "Todos nós somos especiais. Você deve ser o primeiro a gostar de si mesmo, a se dar valor".

Quando usava a televisão, uma magia de súbito podia acontecer. Manuela Camargo, a estudante, recorda:

— Ele ficava lá na dele, respondendo a algumas perguntas do repórter, como se não estivesse dando importância para a entrevista. Mas, aí, às vezes, ele olhava diretamente para a câmera e falava coisas que faziam um túnel, assim — **ffffuuuu!** —, para onde você estava. E a chave era a simplicidade. Coisas assim: "Onde você estiver, quem você for, **agora**, o que você estiver fazendo, pense determinadamente que você tem um objetivo. E vá atrás." Quer dizer, para a gente, que está treinando em manter a presença no que está fazendo, o recado é claro. Preste atenção. Esteja presente. Mas mesmo para quem não é treinado, o modo de ele falar também passava o recado.

O estilo Senna era carregado de emoção contida. Que explodia na pista, numa ultrapassagem arrojada. Que saía sincero, com poucas palavras, fora dela. Jogo rápido. Direto. Quando o repórter, ainda no sabor do tricampeonato recém-conquistado, quer saber o seu modo de comunicação com a equipe técnica do boxe da McLaren, a resposta ajuda a ilustrar uma postura que o público brasileiro já tinha captado, intuído, aprovado.

— Eu me exprimo com o coração, e não com a cabeça. Falo com os olhos, com os gestos, dividindo as emoções que são muitas e fortes. Reparto as frustrações e alegrias na sua verdadeira medida. Faço com que essas pessoas se sintam parte integrante do que se passa comigo, não só com o carro. Acho que isso é fundamental para se ter um ambiente mais sadio e feliz no trabalho.

É a intensidade emocional de Senna que transcende sua própria timidez, vence barreiras, conquista o público brasileiro, acostumado a ídolos de perfis mais abertos. "Apesar de muito introvertido e de ser tão diferente dos outros ídolos, ele tinha carisma", raciocina a arquiteta Silvia Poock. Continua:

— Passava a impressão de ser humilde não só publicamente, mas com ele também. Tinha uma coisa natural de olhar, através da câmera de tevê, como se quisesse olhar no olho do telespectador. Não aquela coisa treinada de locutor, voz empostada. Mas uma coisa natural, simples. Era um herói com quem o brasileiro se identificava muito. Porque todo o mundo queria ser como o Pelé, que é extrovertido. Queria ser como o Roberto Carlos, que conquista todas as mulheres. Mas as pessoas descobriram que são, na verdade, como o Senna: tímido, de não saber falar direito, de não querer muito o holofote da fama. De ter sucesso, mas ser o come quieto, o que vai na surdina.

Não foram apenas os traços psicológicos da simplicidade e da emoção que fizeram o público brasileiro identificar-se com Senna. O povo se via projetado nessas qualidades, que reconhecia como suas também. Atestado de uma boa índole que ainda reside na alma coletiva nossa.

A garra e a eficácia do campeão, porém, serviram de espelho para uma autodescoberta coletiva que faltava. "Enquanto ninguém gostava de correr na chuva, ele, ao contrário, era o melhor na chuva", lembra Beatriz Quartim Barbosa Oliveira, administradora hospitalar. Completa:

— Para mim, o significado é este: para você ser um ídolo no Brasil, você tem que ser *foda*, sabe? Não pode ser mais ou menos. O cara tem que ser bom na chuva, ganhar quando todo o mundo derrapa. Então ele era muito especial. Na maior adversidade, ele ganhava. O brasileiro também se identificava com isto. O brasileiro sobrevive na adversidade. Sobreviveu com uma inflação que ninguém aguentaria. Que nem uns paisecos africanos aguentariam, nas mesmas condições que a gente.

A simplicidade fora da pista, a garra e o espírito de combate dentro dela, somavam-se a qualidades que não são tão arraigadas entre nós, mas que o ídolo cultivava com um zelo de mestre budista. A atenção ao detalhe, o rigor técnico, a seriedade profissional, o compromisso da qualidade superior sempre. A disciplina consigo próprio, a fé em si mesmo. A definição de objetivos, bem como a fidelidade às estratégias para atingi-los, o transformavam num sistemático e persistente caçador da perfeição. Planejava e perseguia com rigor suas metas. Fazia tudo almejando a excelência.

Não é à toa que se deu bem com a mentalidade britânica, tirando de equipes inglesas o máximo na busca das vitórias. Também por aí se entende seu entrosamento quase à perfeição com os metódicos japoneses da Honda. E sua relação com os alemães, nos negócios, conquistando a exclusividade de importação dos automóveis Audi.

Ele era nosso, conservava as nossas qualidades básicas, transformava possíveis deficiências em armas para o sucesso. Elevava o nosso potencial à excelência, transformando-o, adaptando-o. Mas também empregava características que ainda não desenvolvemos muito, enquanto povo. Por isso, ele era também *deles*. Conseguia um entrosamento adequado dentro do padrão de rigor e preciosismo a que estão acostumados. Perfeccionista, ultrapassava o próprio nível de exigência deles, pressionando os engenheiros japoneses e europeus a não se acomodarem com o sucesso, a estender sempre, como se fosse um elástico, o potencial tecnológico de carros e motores.

E não era de ninguém. Era apenas de si próprio, Ayrton Senna. Ser humano complexo, exemplificador de novas possibilidades para a performance da espécie com a máquina. Por isso, um virtuoso que abria horizontes jamais vislumbrados antes dele. Misturava talentos de origens diversas. Daí o encantamento mundial pelo toque criativo, único. Levava os torcedores japoneses à loucura porque otimizava a qualidade que eles entendem, do trabalho sistemático, acrescentando a componente da explosão emocional que a eles falta, presos a suas regras, etiquetas e condicionamentos sociais.

Rara combinação. "O Senna tinha uma determinação fortíssima, que não é qualidade característica do povo brasileiro", comenta a psicóloga Sueli Pecci Passerini. Completa:

— A determinação é o que o alemão tem, por exemplo. Só que ele pode ser uma geladeira emocional. O brasileiro já é muito mais flexível, criativo. A nossa determinação é bem variável, oscilante. A do Senna, não. Era firme. O povo se identificou com este lado, porque talvez seja um desejo nosso, como povo, conquistar essa forma de alcançar os objetivos. Estamos sempre tentando compensar as nossas deficiências, em termos de equilíbrio. Aquilo que não temos, nós desejamos, invejamos. Como o Brasil é um cadinho cultural, há um monte de situações mal resolvidas, em termos de identidade. Às vezes é mais fácil dizer, "eu descendo de francês", de espanhol, de alemão, do que dizer "eu sou brasileiro". Quer dizer, onde está a verdadeira alma brasileira, é no futuro. E o Senna representa este futuro para o brasileiro.

O desafio de pegar toda essa polivalência cultural e fazer uma alquimia. Então, aquilo que nós não temos, foi um pouco compensado pelo que ele tinha. A coisa da determinação, da disciplina, do conquistar, do ir em frente.

Guerreiro impecável, Senna acabou transformando-se em modelo para os jovens. Para muitos deles, a descoberta só aconteceu, dolorosamente, com a morte do ídolo. Os *caras-pintadas*[2] foram ao cortejo, visitaram o féretro, choraram lágrimas sentidas. Comoveram com sua emoção espontânea que quebrava barreiras, invertia ordens. Impunha sua vontade, que era mais genuína, às vezes, do que a dos adultos.

Na Escola Nossa Senhora do Morumbi, em São Paulo, os alunos do segundo grau e colegial decidiram por eles mesmos, contataram-se por telefone, resolveram o assunto. Apareceram para as aulas, no dia 2 de maio, trajando preto. Em outras escolas, alunos recusaram aulas, quiseram falar de Senna. Abandonaram as classes, foram a pátios cantar o hino nacional, hastear a bandeira. Quem lida com crianças sabe quão difícil é convencê-las a participar de cerimônias cívicas. Mas, naquele dia, aceitaram de bom

---

2 A expressão aplicava-se metaforicamente a jovens que manifestavam apreço patriótico pelo Brasil, reconhecimento de valores como decência pública, honradez e ética. Nasceu das passeatas públicas de agosto e setembro de 1992 organizadas por jovens que pintavam os rostos de verde e amarelo, protestando contra a corrupção na política e a favor do *impeachment* do presidente Fernando Collor de Mello. As passeatas reuniram milhares de pessoas em várias cidades. Na maior delas em São Paulo, estima-se que esse número tenha chegado a 750 mil.

grado. Meninos adolescentes, tão ciosos de sua masculinidade em formação, deram-se as mãos em roda, fizeram minuto de silêncio.

F. G., 12 anos, aluna do Externato Madre Alix, na capital paulista, tomou uma simples iniciativa que deve ter acontecido inúmeras vezes aquele dia: "Na hora do recreio, fui à capela do colégio, chorar e rezar por Senna". V.C. B., 12 anos, chorou muito, faltou ao colégio dia 2. "Ele era puro", diz ela. "Ele dava exemplos bons para os jovens. Fiz uma redação para a escola, aproveitando uma frase dele que saiu numa revista, dizendo que não bebia, nem fumava. Que não acreditava em superstição. Só em Deus."

Muitos jovens sentiram-se, de repente, órfãos. Haviam perdido uma referência importante. Aquela estória de como os padrões de uma sociedade são transmitidos de uma geração a outra, no circuito da herança mental coletiva de um povo. O caso dos campos morfogenéticos e do inconsciente coletivo que discutimos no capítulo anterior. A transmissão de informações se dá no plano simbólico. Entra também em ação, nesse contexto, a questão dos **arquétipos**, que é relacionada a este tema onde está a figura de Senna enquanto modelo de herói.

Na medida em que o jovem se prepara para inserir-se na vida adulta, precisa incorporar um conjunto de qualidades, ideais e papéis. Esses elementos, quando muito marcantes, ganham uma espécie de realidade abstrata ideal. São os **arquétipos**. Ajudam a construir o roteiro de ações que o jovem poderá tomar para firmar-se na sociedade. Essas qualidades, que ainda não possui, são dadas a ele como um presente da civilização que se construiu antes dele. Habitam e circulam no nível sutil da mente coletiva. Mas também apresentam uma fortíssima componente emocional. Despertam, na pessoa que as percebem, uma identificação poderosa com as características que representam. Características, em última análise, que o indivíduo sente e intui existir potencialmente em si próprio. Deseja cultivá-las, tomá-las como balizas para a sua vida.

Traduzem-se em imagens que dão forma a elas, como que as personificando. Essas imagens e personificações de ideais representam os **arquétipos**. Sem isso, seria muito difícil aquilatá-los, porque eles ficariam existindo apenas no nível da abstração pura.

Um dos **arquétipos** universais, presentes ao longo da história, é o do herói. Caracteriza-se pela capacidade extrema de manter-se sob controle em condições adversas, superando obstáculos dificílimos, realizando façanhas que se revestem em benefício dos outros, além de si próprio. Geralmente, apresenta uma nobreza de caráter, um senso de justiça e uma generosidade que lhe conferem uma aura romântica. Não raro, sacrifica-se em prol de uma coletividade. As características secundárias desse **arquétipo** variam conforme a época e o lugar, embora elementos essenciais permaneçam iguais.

Muitas vezes, o **arquétipo** do herói aparece mesclado com o do guerreiro. No passado histórico da humanidade, que ainda povoa o nosso inconsciente coletivo, é aquele que realiza façanhas tremendas nos campos de combate, nas disputas bélicas, no confronto entre povos, tribos e facções. Carrega consigo o atributo da coragem, da superação do medo, da vitória sobre inimigos poderosos. É também aquele que consegue transformar o destino das coisas, graças à sua força, à sua destreza, ao seu domínio sobre si mesmo e ao poder de luta contra as circunstâncias adversas.

Na era moderna, as imagens dos **arquétipos** do herói e do guerreiro, que se amoldam a pessoas reais, ganham força adicional junto ao inconsciente coletivo, graças ao poder multiplicador dos meios de comunicação. Esportistas e ídolos do showbusiness que se enquadram nessas figuras, de herói e guerreiro, exercem uma influência enorme sobre os jovens. Para o bem ou para o mal. Os jovens estão exatamente procurando espelhar-se e inspirar-se no que a sociedade adulta lhes oferece, pois é da imitação de padrões que eles aprendem a gerar seus próprios passos.

"Idealmente, a criança vivencia as imagens arquetípicas heroicas primeiro nos contos de fadas, nos mitos e nas lendas", explica a psicóloga Sueli Passerini. "O herói é o que transpõe barreiras, resolve situações. Na realidade, a criança, ao contatar as fábulas, contos de fadas e lendas, está trabalhando as personagens internas da sua personalidade. Depois, quando tem que reconhecer a sua participação como ser no cosmos todo, conhecendo a evolução da humanidade, começa a vivenciar mitos. Finalmente, por volta dos 12 anos, vai rompendo gradativamente com essas imagens míticas, para entrar em contato com as biografias de pessoas que simbolizam as imagens arquetípicas. É então que ela faz a escolha de heróis. Por volta dos 16 anos, ela transpõe a questão dos heróis para entrar no ideal."

Uma tarefa complicada, difícil, que tem tudo a ver com a comoção sentida dos jovens na morte de Senna. A psicóloga Suely Zasnicoff, que trabalha bastante com jovens, explica:

— É mais ou menos no meio da faixa etária entre os 14 e os 21 anos, exatamente a que foi mais sensível a isso tudo do Senna, que o jovem passa por essa grande revolução psicológica. Ocorre o emergir daquela pulsão arquetípica da imagem do ser humano ideal. Você tem, nesse momento, a ideia do ser humano ideal. Aquilo que você quer ser. Aquilo que você busca nas pessoas. Aí é que o jovem procura modelos que o inspirem. A gente torce para que o jovem encontre modelos positivos, porque se não encontrar, vai seguir modelos negativos, se enturmar. Daí surgem as formações de gangues, por exemplo.

Completa, trazendo o raciocínio para Senna:

— E eu vi esse jovem chorando muito, sofrendo. É muito duro isso ter ocorrido agora, porque nós não temos quase modelos para o jovem. Há uma escassez enorme de modelos na política, por exemplo. Praticamente todos eles estão deteriorados. Todo o mundo diz, "o jovem é o futuro". Mas que futuro nós estamos dando para esse jovem? Ele está desalentado. Quase não tem modelo a seguir. Se deu conta de que tinha um modelo valioso e o perdeu. Por isso o desespero. O Senna era um grande modelo por tudo o que representava, como um grande corredor, como um grande ser humano. Porque se não fosse tudo isso, tão bom, não teria entrado na alma do jovem. Porque ele correspondeu a essa imagem de ser humano ideal. Era um batalhador, tinha suas metas, ia atrás delas. Ele era próximo das pessoas. Realizava trabalhos beneficentes maravilhosos, nos bastidores. Eu vi jovens comentando: "Puxa, ele fazia tanta coisa bacana que a gente não sabia. Ele era mais legal ainda do que a gente imaginava". Aí é que está a beleza dele, perceber que o ser humano vale também, independentemente daquilo que mostra ou aparece. Ele era um cara famoso, mas isso não turvava sua sensibilidade. Os jovens viram que ele também tinha preocupação humana pelos outros.

Suely aponta outro aspecto fundamental, representado por Senna, que também provocou um vazio imenso:

— A pulsão de religiosidade que emerge no jovem não tem encontrado referenciais adequados na sociedade brasileira. Os que se mostram, são, na maioria das vezes, sem sentido, sem coerência, desprovidos da qualidade essencial para esse jovem, que é a **verdade**. Os referenciais válidos para uma religiosidade rica têm que chegar ao jovem via verdade, **autenticidade**. Quando o jovem chega nessa fase, como os pais costumam estar na meia-idade, nem sempre podem ser referenciais seguros, a menos que já tenham entrado nesse âmbito.

Elabora mais:

— O Senna, por ser jovem, brilhante, vitorioso, era alvo de identificação sadia para o jovem. Senna não temeu falar de Deus. Teve a grande sabedoria e humildade de revelar a público sua aceitação de uma guiança e retaguarda de uma força superior. Um Deus presente e ativo. Mostrou que o sentido religioso não deve privar o homem de brigar, de se colocar, de ser ativo, de lutar por suas opiniões. A **gratidão**, outro valor dos verdadeiramente grandes em espírito, era algo muito presente no exercício do seu dia a dia. Era capaz, no final de uma corrida, de agradecer, ao invés de gritar "sou o bom, sou o melhor, sou o máximo". Ele era o bom, mas aceitava ser permeado por essa guiança superior. A sentia tão presente, a ponto de dizer ter tido mais de uma visão de Jesus Cristo nas pistas de corrida. Esta humildade cria sementes frutíferas. Não se trata da humildade vista como submissão, apatia, falsa modéstia, resignação. É algo maior. Está nos grandes. Saber da nossa pequeneza diante desta força superior é aceitar que chegamos ao pódio da vida, por todos os nossos méritos e qualidades, e porque permitimos que esta força esteja conosco. A presença viva dessa divindade superior, chamem-na como queiram, foi mostrada ao jovem como algo que era **verdade** no Senna. Isso fazia uma grande conexão com a maioria dessa juventude sem fé, porque encontrou, nele, referenciais coerentes. Esse é o seu grande legado.

Ter sido o guerreiro impecável, o modelo que trouxe a consciência da espiritualidade para muitos através de uma coisa tão mundana quanto a Fórmula 1, e o herói sadiamente inspirador para milhões, foi o símbolo que Ayrton Senna acabou se tornando graças a um árduo, tenaz processo de superação de limites. Vontade, corpo e mente geraram um extraordinário campo integrado de energia transformadora, alterando por completo o destino de um esportista exemplar. E ajudou a antecipar uma página disponível da história futura do homem, assinalando as possibilidades abertas na Era de Aquário.

Alquimia, missão, recompensa

No princípio, era a **vontade**. Uma vontade sem limites. Um apetite devorador de obstáculos, portador de ações aniquiladoras de incertezas. Uma volúpia focalizada com toda a intensidade para vencer, chegar à meta ambiciosa que se colocara.

No começo, o rapaz sonhador não tinha muito com o que contar para crescer. Claro, teve o suporte financeiro do pai. Depois, o apoio gerencial de alguém que lhe guiou na selva dos patrocínios, o administrador Armando Botelho. Refiro-me ao seu universo íntimo, psicológico.

As inseguranças podiam existir, naturalmente. Afinal, era ainda um garoto querendo ser homem adulto, havia todo um mundo estranho, difícil, lá fora. Certo, havia o consolo de exemplos anteriores. Émerson Fittipaldi provara que era possível a um brasileiro vencer na Europa. Nelson Piquet, em ascensão, vinha confirmando a trilha. Mas era apenas isso, um sinal.

O que o mantinha verdadeiramente vivo, intenso, era sua imensa fé em si próprio, a vontade desmesurada que o impelia para a frente, para cima. Sempre muito ousado, sempre muito consciente do que queria. De qual era seu valor no volátil e volúvel mundo das competições internacionais de automobilismo.

O jornalista britânico Christopher Hilton, autor de uma biografia — **A Face do Gênio**, versão brasileira publicada pela Rio Fundo Editora — preparada para o público internacional, conta a quase petulância autoconfiante de Senna, ainda um aspirante ao grande sucesso, recusando a primeira oportunidade para correr na Fórmula 1. Era 1982. Senna disputara o ano anterior na categoria inglesa Ford 1600 e a escuderia Toleman o convidou a competir pela Fórmula Três como piloto pago pela escuderia. Seria uma espécie de aquecimento, enquanto conquistava a superlicença de piloto, necessária para a Fórmula 1. Conforme o convite, Ayrton teria um lugar garantido na equipe de Fórmula 1 da própria Toleman, tão logo cumprisse os requisitos para a superlicença, participando da Fórmula Três. Nas categorias inferiores, é comum o jovem piloto pagar para correr, numa tentativa frenética para aparecer, fazer nome, saltar o trampolim do sucesso. Uma oportunidade como aquela seria assumida por qualquer um, sem pestanejar.

Não era o caso de Senna. O garoto, 22 anos apenas, tinha na cabeça um horizonte de homem maduro. Não quis simplesmente saltar para a primeira oportunidade de ascender à Fórmula 1. Queria ganhar mais experiência antes de entrar no circuito. Acima de tudo, queria entrar não para estar na categoria nobre do automobilismo mundial apenas. Queria, nada mais, nada menos, entrar pela porta de uma equipe que lhe desse as condições de ser o campeão mundial.

A meta de longo prazo venceu o ímpeto imediatista que seria absolutamente normal, num rapaz ambicioso como ele. E a confiança em si próprio ultrapassou os limites do que seria considerado bom senso para muitos.

Outro episódio que espantou Hilton. Veja bem, em 1982, Senna era ainda quase um joão-ninguém. Aparecia pouco na imprensa brasileira, porque tinha como crédito somente a Ford 1600. Algo próximo de nada. O grande astro brasileiro de então era Nelson Piquet, campeão mundial de Fórmula 1 o ano interior. Senna foi visitá-lo, contar que tinha propostas da Toleman e da McLaren. Parecia esperar a simpatia e o encorajamento do patrício. Mas na versão de Hilton, voltou mordido. Piquet o teria esnobado, e Senna então jurara a si mesmo que um dia o venceria. David sonhando ser Golias.

Há uma diferença gritante, no entanto, entre o sonhador fantasioso, enredado nas teias das suas próprias ilusões, e o visionário cheio de imaginação que vislumbra possibilidades ainda não materializadas. A diferença é que o visionário verdadeiro age, criando pontes concretas entre o mundo do futuro possível e a realidade das circunstâncias presentes. É um realista, mas não desses presos na fatalidade dos limites. É um investidor em energias transformadoras de condições, saltador de obstáculos.

Assume um compromisso sério consigo mesmo, estabelece metas, traça um plano de prioridades, lança estratégias. Faz autocrítica. Vê os pontos fracos do seu potencial. Mas não se abate com eles. Trabalha duro para mudá-los para melhor. Agente de mutação.

Pelo menos um ponto fraco Ayrton Senna descobriu em si próprio. O corpo. Por isso, à parte de todo o conhecimento tecnológico e das habilidades técnicas que possuía como piloto de automobilismo, uma segunda chave importante para seu sucesso foi o **corpo**.

Acontece assim. Vamos viajar no tempo. Campeões da década de 1970, Émerson Fittipaldi e Jackie Stewart abrem um precedente. Provam que ganhar corridas, no automobilismo, exige também um preparo físico adequado. Senna, que já está começando a se preocupar com isso, e vai levar seu empenho a um nível de dedicação incomparável, comprova a importância do tema logo na sua segunda corrida de Fórmula 1. Termina o Grande Prêmio da África de Sul de 1984 em sexto lugar, pontuando pela primeira vez em sua carreira na categoria máxima. Mas paga um preço pesado. Sai carregado do *cockpit* do carro, desmaiado, exaurido de energias. Fica evidente então que seu físico não aguenta o tranco de um Grande Prêmio, quase duas horas ou mais de pura adrenalina. Tinha sido suficiente para a Fórmula Três, disputada em baterias curtas. Mas é sofrível para uma prova de Fórmula 1, insuficiente para um ano inteiro do estressante circo.

Senna é então franzino, 67 quilos de peso. Indicado por um jornalista, encontra um preparador físico inovador, revolucionário no preparo de esportistas e que vai ter em Ayrton, no futuro, sua obra-prima. Mas no começo, a orientação de Nuno Cobra, um profissional relativamente pouco conhecido então, é bastante convencional. Nuno parte de dados concretos, mensuráveis, para conhecer em que estado se encontra o cliente. Daí pode dosar o esforço de melhoria de seu desempenho físico.

Nos testes de resistência física, comprova que o rapaz possui muita destreza, sinal de um alto nível de agressividade. Qualidade, em princípio, indispensável para quem quer vencer num esporte tão competitivo. Mas que a condição propriamente orgânica não é compatível com o tamanho do desafio. Quando pede para Ayrton dar voltas correndo numa pista de atletismo, mal consegue completar dois mil metros. O batimento cardíaco é alto. O consumo máximo de oxigênio, tomando a quantidade de sangue bombeado por minuto, é sofrível para um piloto, pouco menos de três litros.

Nuno deduz que a melhoria da circulação cardiovascular é vital para seu novo cliente. Um piloto de Fórmula 1 precisa de muito oxigênio no cérebro para poder raciocinar com clareza, estar concentrado, tomar decisões super-rápidas sob pressão. Ao mesmo tempo, necessita de muito sangue circulando pelo corpo, de modo que os músculos, em sintonia com a rede nervosa, ajam com presteza, provocando coordenação motora e reflexos precisos. O metabolismo orgânico tem de ser bom para alcançar eficiência na eliminação de substâncias tóxicas e para oxigenar bem o corpo inteiro. O piloto corre envolto em macacão anti-incêndio, macacão externo, sapatilhas e capacete, no <u>cockpit</u> de um carro apertadíssimo. Com isso, os processos de inspiração e expiração ficam prejudicados, forçando a frequência cardíaca, sobrecarregando o coração.

O ponto de partida então, é melhorar tanto a oxigenação quanto o bombeamento de sangue. Nuno estabelece para Ayrton um programa baseado essencialmente na prática do cooper, a técnica de corrida que equilibra distância e tempo percorridos, de acordo com a frequência cardíaca do praticante. No caso de Senna, o preparador começa com a exigência de dois quilômetros, tendo como parâmetro ideal a frequência cardíaca de 140 batidas por minuto.

Em paralelo, há um cuidado com a melhoria da massa muscular do piloto. Músculos muito exigidos numa prova de Fórmula 1 são trabalhados com afinco. Halteres e outros recursos ajudam a fortalecer os músculos do antebraço, da articulação dos ombros, dos dedos, do peito, das costas, do pescoço, do abdômen.

Assim como o cliente, o preparador trabalha com estratégia de longo prazo. A fase de ênfase na melhoria física de Ayrton Senna dura três anos. Quando está no Brasil, o piloto aproveita as férias, entre uma temporada e outra, para uma intensa programação de corridas e exercícios. Quando está pelo mundo, participando do circo, leva uma programação alternativa que segue conforme as circunstâncias permitem. Em geral, alternando-se dias de atividades e de descanso, Senna procura praticar três horas diárias de exercícios, incluindo alongamentos, corridas e musculação. Quando está de folga dessa quase maratona, é motivado a praticar tênis, esqui aquático, jet ski. Para completar, não fuma, não bebe bebidas alcoólicas, evita carnes vermelhas. Procura as vitaminas e proteínas que existem nas frutas, nos laticínios, nos carboidratos como massas e batatas.

O empenho de Senna é então visto como exemplar por Nuno. Porque mergulha fundo em tudo o que faz. É daqueles raros praticantes que ao invés de reclamar do preparador, choramingando que não aguenta mais, sempre está, ao contrário, **exigindo** mais!

A transformação vai ocorrendo gradativamente. O rapaz torna-se homem feito, um físico bonito, forte, bem delineado. Após quatro anos de prática, a capacidade cardíaca e de oxigenação já quase se multiplicaram. O coração, em atividade de cooper, está bombeando cinco litros e meio de sangue por minuto. Senna já consegue correr pelo menos 10 quilômetros de cada vez. Chegará, mais à frente em sua carreira, a correr l8 quilômetros por dia!

A capacidade de tomar decisões instantâneas melhora. A visão periférica amplia-se. Consegue, num carro de corridas, olhar os reloginhos do painel e o espelho retrovisor simultaneamente, sem mudar o ângulo de visão. Faz ultrapassagens mirabolantes porque percebe o espaço vazio na fração de segundo que ninguém notou. Porque oxigena muito bem o cérebro e mantém a frequência cardíaca em ritmo mais baixo do que a média dos pilotos, tem uma agilidade mental velocíssima, mas paradoxalmente serena. Por isso, enxerga mental e visualmente muito bem, pensa com clareza. Tem — como declara a **Scanorama**, uma das melhores revistas de bordo do mundo, da empresa aérea escandinava SAS — uma sintonia afinadíssima com seu corpo durante uma prova. Sabe exatamente quando ele está chegando ao limite, antes mesmo do limite do carro. Declara à revista, numa reportagem de setembro de 1990, que quando está no limite total, prende a respiração nas curvas e solta nas retas, porque "está provado clinicamente que isto melhora o poder de concentração".

Quando passa a ter um carro competitivo nas mãos, o bom preparo físico, reforçado nas férias no Brasil, entre uma temporada e outra, dão-lhe uma vantagem competitiva em quase todo início de campeonato que é difícil igualar. Os pilotos europeus transitam de uma temporada a outra testando carros, experimentando acertos mecânicos. Senna, com um contrato mais flexível com a McLaren, passa o período longe dos carros, preferindo cuidar dele próprio.

Prova que está certo. Mesmo os melhores pilotos levam um tempo para se aquecer devidamente num campeonato. É lá pela terceira corrida, ou coisa assim, que entram em sua fase mais produtiva. Senna, graças a esse preparo, já começa o campeonato com tudo. Em 1989, ganha três das quatro primeiras corridas do ano. Duas em 1990. Todas as quatro de 1991. Mais do que um corredor de carros, Senna é então um verdadeiro atleta. Nuno orgulha-se de dizer que poderia disputar uma maratona tranquilamente, se quisesse.

O rigor do preparo físico, que poderia soar como coisa de monge franciscano ou de iogue indiano, não era, contudo, uma tortura. Pelo contrário. Senna estava aproveitando, de um lado, o potencial da cultura sadia do corpo, que o Brasil proporciona, tanto pelo clima quanto pela espontaneidade que temos em lidar com ele. Somos, afinal, a terra do samba, do futebol e da lambada. De outro, valia-se de um princípio universal, hoje mais bem explicado pela ciência. Quando fazemos um esforço físico grande, ultrapassando um certo limite da nossa resistência, o corpo libera a endorfina, uma substância bioquímica que causa agradável sensação de prazer.

No caso de Senna, porém, o exercício físico com o corpo foi apenas uma das fontes que lhe dava uma sensação enorme de bem-estar. A outra parte era proporcionada pelo que foi a terceira chave decisiva para o seu sucesso. Uma chave também aberta por Nuno Cobra. Rendia seus melhores frutos provocando o efeito excitante de Senna ver-se funcionando no limite, com toda sua atenção concentrada e com todo o potencial que tinha, na situação extrema de desafio de uma corrida de automóveis. A terceira chave foi a **mente**.

Na prática, mente e corpo funcionam como um sistema só, integrado, produzindo efeitos fantásticos, exatamente pela combinação perfeita entre os dois. Mente, diga-se logo, de passagem, não é cérebro. Mas que naturalmente, para se expressar melhor, requer um cérebro preparado para operar em condições ótimas. Uma dessas condições é obrigatoriamente sua oxigenação rica. Por sua vez, um cérebro bem irrigado, oxigenado, desempenha melhor suas atividades de comando do corpo.

Para conhecermos este lado da história, entra em ação outro aspecto da figura pioneira de Nuno Cobra, em termos de Brasil. Quando vai estudar educação física, Nuno recebe a visão de mundo tradicional no seu tempo de estudante. O corpo físico em performance esportiva é visto de modo bastante materialista, mecanicista. É comparado a uma máquina. Mede-se tudo. E o que é medido melhor é a matéria, a ação física concreta. Daí, o aprendizado importante da fisiologia do esporte.

Ao lado deste aprendizado, porém, que prossegue em estudos de pós-graduação, Nuno conserva uma teimosa fidelidade ao que diz sua intuição e ao que lhe herdara sua experiência juvenil de garoto do interior de São Paulo, crescendo às margens de rio, em São José do Rio Pardo. Em contato frequente com a Natureza, Nuno pôde crescer preservando certa ingenuidade sadia de que o decisivo para o atleta não é seu preparo físico isolado, mas sim sua atitude mental. Isto é, sua crença em si próprio.

Na sua visão, nenhum atleta otimamente bem-preparado fisicamente vai conseguir ser um vencedor se não tiver uma atitude psicológica positiva diante dos desafios, das adversidades. De cada situação, por mais desestimulante que seja, deve saber tirar proveito. Deve por isso nutrir uma autoconfiança inabalável. A autoconfiança depende, porém, da autoestima. E esta surge da autoimagem que a pessoa forma de si própria, a partir das expectativas dos outros.

Desafortunadamente, contudo, a autoimagem tende, em geral, a ser baixa, porque a sociedade está acostumada mais a apontar os defeitos do que a ver as qualidades das pessoas. Por isso, uma das tarefas iniciais de Nuno, nesses casos, é fazer o esportista adotar o que ele chama de *cabeça limpa*. Isto tem a ver, por sua vez, com a melhora da autoestima.

O indivíduo que está habituado a se ver pequeno, inferior, só mudará se encontrar provas que desmanchem essa imagem. A vantagem do trabalho com o corpo é que ele pode comprovar concretamente as alterações que ocorrem, ganhando estima maior por si próprio, orgulho e confiança. Nuno gosta de exemplificar que quando um rapaz passa a se preparar fisicamente e nota que o corpo está ganhando musculatura definida, passa a se achar mais bonito, a se admirar no espelho. Aceita-se melhor. Vendo-se mais bonito, considera-se merecedor dos prazeres da vida. Um deles é a sensação de vitória no esporte. Buscando dar-se este prazer, vê a reação orgânica e passa a acreditar em seu potencial.

Isto é apenas uma possibilidade teórica, porém. O outro lado da moeda é a relação treinador-atleta. Como no começo do processo a autoestima pode ser baixa, o atleta necessita receber o suporte emocional de alguém que diz acreditar nele mais do que ele próprio.

Nuno é um sujeito afável, dono de um grande calor humano pelas pessoas. Gosta de tocá-las, um ato visceralmente importante para a espécie. Sabe-se, por exemplo, que numa certa medida a ausência do toque físico dos pais nos bebês gera uma insegurança que pode contribuir para a baixa autoestima deles quando crianças. Nuno derrama um carinho atencioso sobre os clientes, puxando para cima o que têm de melhor. "Deixo de lado o aspecto derrotista das pessoas", costuma explicar. "Pego as coisas positivas delas, mesmo que sejam pequenininhas e começo daí, tornando-as grandes, num reforço positivo".

Nuno foi ganhando confiança nesta tática por experiência própria. Em 1961, trabalhou com garotos excepcionais que não conseguiam ir bem na escola. Descobriu que um deles conseguia dar salto mortal. Estimulou-o, conquistou sua confiança. Com isso, aos poucos, foi atraindo a atenção de todo o grupo, que acabou desenvolvendo certo amor pelo esporte e se adaptando melhor na escola.

Mais tarde, já treinador de tenistas, passou a valorizar cada vez mais a importância do trabalho mental, em paralelo ao desenvolvimento físico. Insatisfeito com a abordagem limitada da sua própria profissão, enveredou por estudos de psicologia, foi conhecer o que algumas tradições orientais falam sobre respiração, relaxamento e meditação, a arte do cultivo consciente da mente.

Admirou-se, por exemplo, do trabalho do famoso mestre chinês de Tai Chi Chuan taoísta e medicina oriental, Liu Pai Lin.[3] Pois bem, um dos conceitos de Pai Lin que parece ter impressionado Nuno é o *sentar na calma*. Manter-se sereno, acessando a energia sutil que existe à nossa volta e em nós mesmos.

No seu próprio campo de trabalho, enquanto passava a ser execrado por colegas da educação física brasileira, taxado de louco, ganhava confiança ao participar de congressos esportivos paralelos, durante os jogos olímpicos de 1968, na Cidade do México, e de 1972 em Munique. Constatou o que o Ocidente custou a perceber dos antigos países comunistas: a excelência de seus atletas olímpicos devia-se, em alguns casos, a um inovador trabalho com o preparo mental dos esportistas.

---

3 Nascido na China em dezembro de 1907, mudou-se para o Brasil em 1975. Faleceu em fevereiro de 2000.

Voltemos a Senna. Só após os três primeiros anos do trabalho puramente físico é que Nuno começa a introduzir Ayrton no território das práticas mentais. O jeito sincero, autêntico de Nuno, faz efeito. Para ele, não importa que o cliente seja um astro em ascensão. Está interessado na pessoa humana por trás do rótulo social. Por isso, é brincalhão, irreverente, simples. Fala às vezes quase como se fosse um caipira do interior. Mas bota fé na moçada.

Bate com Senna na tecla do pensamento positivo. Da fé em si mesmo. E vai utilizando uma mescla de técnicas de programação mental que na década de 1980 são inéditas no esporte brasileiro, e que só na metade da década seguinte avançam no Brasil, depois de uma arrancada popularizante nos Estados Unidos. Técnicas que têm alguma semelhança com a Programação Neurolinguística, digamos, outras que circulam com força própria, independentes.

A visualização criativa, por exemplo. Trata-se da formação de uma espécie de tela mental na qual a pessoa projeta visualmente o conteúdo de suas imaginações. Faz isto com um propósito definido. Estar perfeitamente concentrada para uma disputa esportiva, digamos. A ideia é que o pensamento tem força e precede a realização. Quer dizer, se antes de realizar algo, você o imagina ativamente, está dando um passo concreto para realmente conseguir fazê-lo.

No passado, qualquer proposta desse tipo era ridicularizada pelas pessoas, por *não ser científica*, ou por ser *superstição* ou *ilusão*. Críticas desse tipo não procedem mais, porque são exatamente ilhas de vanguarda do conhecimento que estão pondo por terra os preconceitos.

O melhor suporte científico para a visualização criativa veio nada mais nada menos do que de um ganhador de Prêmio Nobel, o neuropsicólogo americano Roger Sperry. Ele provou a teoria dos hemisférios cerebrais. Em síntese, diz que o cérebro é dividido em dois hemisférios distintos, responsáveis por diferentes funções intelectuais. Na maioria das pessoas, o esquerdo cuida do pensamento racional e lógico. O que enfatiza os detalhes, processa os pensamentos um por vez, apoiando-se essencialmente na informação acumulada de experiências prévias. Quer dizer, *vê* o mundo com olhos do passado. E o *vê* fragmentado, porque só consegue *enxergar* uma coisa de cada vez. Por isso, é linear, lento. É extremamente crítico, baseado muito nas palavras. Rejeita as sensações e os sentimentos.

O hemisfério direito, a seu turno, aciona diferentes operações simultaneamente. A maneira como *pensa* é imagética. Quer dizer, se dá por símbolos e imagens, não por palavras. É receptivo aos sentimentos e sensações, *vê* a realidade como um conjunto integrado de partes em interação dinâmica. E aceita a intuição, que está muito ligada à criatividade.

A intuição, todo o mundo sabe, é aquela capacidade de perceber rapidamente as coisas, associando sinais que captamos num nível subconsciente ou inconsciente. De repente, estamos dirigindo na rua e *sentimos* aquela necessidade imperiosa de virarmos a primeira à direita. É fazer isso e — **zum!** — exatamente na faixa que vínhamos dois segundos antes aparece um caminhão desgovernado, descendo na contramão. Talvez não consigamos explicar como foi aquilo, mas podemos aprender a ouvi-la e confiar na intuição.

Para a pessoa ter um desempenho de alto nível no mundo, ela precisa operar adequadamente os dois hemisférios, naturalmente, porque as funções especializadas são importantes. Só que um indivíduo que está pilotando um carro de Fórmula 1, a 300 quilômetros por hora, tem de fazer tudo isso muito, muito velozmente. Não dá tempo pensar racionalmente, por dedução lógica, que é lenta por natureza. Daí o preparo mental de Senna, algo que provavelmente nenhum de seus formidáveis adversários conseguiu igualar. Novamente, uma contribuição do Brasil, graças à teimosia rebelde de Nuno Cobra e graças ao ambiente mais informal do país, onde a falta de uma cultura excessivamente cerebral favorece a intuição.

Dominando a técnica, Senna passa a visualizar mentalmente todas as suas corridas, antes de realizá-las. É como se *corresse* na imaginação um Grande Prêmio inteiro antes de sequer se sentar no carro para a largada verdadeira. Na visualização, ele programa mentalmente o seu desempenho. Com isto, prepara a mente e o corpo para estarem prontos para o nível de performance que deseja alcançar.

Um dos episódios mais chocantes do domínio das técnicas de programação mental de Ayrton Senna acontece no Grande Prêmio dos Estados Unidos, em 1991, em Phoenix. É o primeiro da temporada. Nuno Cobra gosta de destacar este exemplo.

Senna e Alain Prost já começam o campeonato com a briga de cão e gato que vêm desenvolvendo desde 1988. Na última sessão de tomada de tempo, Senna está com a *pole position* provisória. Faltando alguns minutos para o término, Prost vai para a pista, bate o tempo de Ayrton. De seu carro no boxe, olhando pelo monitor, Senna vê o feito do adversário, resolve partir para batê-lo. Mas aí o horário da sessão está por acabar, só vai dar para uma volta. Senna sabe que tem de dar uma volta simplesmente perfeita, nem mais nem menos. Tem que dar tudo de si e do carro. Aí não vale mais só a lógica. Têm de entrar em efeito a intuição, a garra, a fé absoluta em si. Tudo.

Rapidamente fecha os olhos, num profundo mergulho meditativo. Absolutamente concentrado. Inteiro no que faz. Visualiza mentalmente toda a pista de Phoenix, cada curva, cada reta, cada detalhe. Imagina e pergunta-se mentalmente o que tem de fazer em cada trecho. Como tangenciar cada curva, onde frear, que rotação dar ao motor, em que marcha. Tudo para tirar o efeito máximo de cada circunstância.

Como que num filme, *vê* todas as respostas, intui nos mínimos detalhes e num todo, simultaneamente, o que tem de fazer. Abre os olhos, tem uma única dúvida. Pergunta a um engenheiro da Honda a rotação que deve dar numa determinada curva para otimizar o rendimento do McLaren. O engenheiro consulta velozmente os computadores e dá a resposta. É o mesmo parâmetro que Senna *vira* intuitivamente.

Dá o sinal, o boxe se abre. E sai como bala, numa volta eletrizante, absolutamente no limite máximo de si e da máquina, tirando tudo o que têm, explorando tudo o que o circuito possibilita. É terminar a volta e o treino termina. A *pole* é outra vez do rei das classificações.

Mas não é só a questão dos hemisférios cerebrais que vem à tona com o primoroso talento de Ayrton Senna. Suas façanhas são tão extraordinárias que chamam a atenção de outro renomado psicólogo americano, Robert Ornstein. Em seu livro **A Evolução da Consciência**, edição brasileira pela Best Seller de São Paulo, 1991, Ornstein toma um caso histórico do corredor brasileiro para explicar que nem todas as especializações funcionais do cérebro procedem da divisão de hemisférios. Mostra que na verdade nós temos diferentes mentes, isto é, capacidades de perceber as informações que o mundo nos envia, compará-las e responder às mudanças do ambiente onde nos encontramos. Fala de uma mente consciente, a que organiza a nossa atuação rotineira no dia a dia, a que paga contas e nos faz dirigir automaticamente do trabalho para a casa. E fala da mente inconsciente, que só entra em ação em casos extraordinários. E o exemplo é Senna.

Ornstein reproduz o depoimento do corredor a um jornalista inglês, sobre aquele inusitado fenômeno nos treinos para o Grande Prêmio de Mônaco de 1988:

— Comecei muito rápido. Já tinha a pole. Mas aí comecei a ficar cada vez mais rápido. Minha vantagem, que era de décimos de segundo, passou para meio segundo e depois para mais de um segundo. Eu simplesmente seguia aumentando a velocidade sem parar. Mais e mais. Até que chegou um ponto em que eu estava mais de dois segundos mais rápido do que qualquer outro! Um absurdo! Mais de dois segundos mais rápido do que o próprio Prost, com McLaren também. De súbito, me dei conta de que eu estava num estado acima do normal. Mônaco é pequeno e estreito e naquele momento eu tinha a sensação de que estava num túnel. O circuito era um túnel para mim. Não tinha fim, era como se eu estivesse numa linha de trem de ferro. Mas claro que eu não estava numa linha. Aí percebi que a coisa estava indo longe demais. Desacelerei. Voltei para o boxe, disse a mim mesmo que não deveria treinar mais aquele dia. Porque naquele momento eu estava vulnerável por estender os meus limites e os do carro, limites que eu nunca atingira antes. Eu não sabia exatamente o que estava acontecendo. Não que eu não estivesse no controle, mas simplesmente eu não parava de aumentar a velocidade. Uma experiência extraordinária.

Senna tem acesso, nesse episódio, a um **estado alterado de consciência**. Quando ultrapassamos os limites da consciência com que normalmente vemos o mundo, em situações extremas, toma controle um outro estado do nosso ser, acionado por partes da nossa mente — ou por outras mentes nossas, como indica Ornstein — que ainda não conhecemos muito bem. Passamos a enxergar o mundo com outros olhos, a agir de modo diferente. E a realizar o praticamente impossível.

Sugiro que depois do caso de Mônaco, Senna sentiu-se mais tranquilo com fenômenos dessa natureza e o vivenciou algumas vezes em pistas. Naquela mesma corrida, no dia do Grande Prêmio, Ayrton lidera folgadamente a prova quando de repente distrai-se, bate. Algo sério no nível psicológico, porque vai embora do autódromo, some de todos, não aparece publicamente durante uns dias. Mais tarde, vai confessar numa entrevista jornalística que o acidente o transformara profundamente, tanto psicológica quanto fisicamente, consolidando seu sentimento de religiosidade e fazendo-o, em suas palavras, aproximar-se mais de Deus.

O fato é que o ser humano pode ascender a níveis sutis de percepção da realidade, em formas diferentes a que estamos habituados. Senna, sensível e ao mesmo tempo dotado de um preparo excepcional, certamente conseguia isso. Depois do assustador fim de semana de Mônaco, em 1988, passa a assimilar melhor fenômenos deste tipo, confiante de que não o ameaçam, de que uma força divina o protege. Torna isso público. Supera-se de tal forma que a partir daí ganha cinco anos seguidos em Mônaco, de 1989 a 1993!

O treinamento com a mente favorece tanto a capacidade de concentração quanto o indivíduo perceber-se interligado a um contexto maior que lhe mobiliza forças para alcançar resultados quase impossíveis. Quando Senna exercita esse lado com Nuno Cobra, o treinador, uma espécie de Merlin moderno de um Arthur motorizado, o faz também contemplar e abraçar árvores. Às vezes, mostra-lhe uma folha, pedindo-lhe para imaginar toda a árvore a partir da folha ou todo o trajeto evolutivo desde a semente até a planta completa.

A questão não é só exercitar a capacidade de focalização. É também lapidar a intuição, adquirindo consciência da conexão que há entre o indivíduo e tudo o que existe. Deste modo, aprende a ver-se mais forte, conectado. E troca energias, em forma de impressões, com a Natureza. Aprende a acessar um nível de consciência amplo, integrativo e dinâmico do que o normalmente utilizado. Um nível de percepção e interação com o ambiente que transcende o nível normal de atuação da mente comum.

Quando alguém contempla com intenção uma árvore, ocorre uma espécie de interação sutil entre o observador e a planta. Naturalmente, a planta não é uma entidade morta, mas sim um ser vivo, de outra natureza que a nossa, mesmo assim dotado de algum tipo de inteligência. Quando observada, troca impressões conosco num nível que ainda não entendemos intelectualmente, mas podemos sentir. Saímos mais fortes de um encontro destes, leve. É uma questão de experimentar de espírito aberto.

Explicações?

O astronauta Edgar Mitchell, sexto homem a pisar no solo da Lua, durante o programa Apollo americano, realizou durante seu voo experiências pessoais de telepatia, organizadas com outros cientistas, das quais nem a Nasa tinha conhecimento. Empolgado com o resultado, dedicou-se a estimular o estudo dos potenciais não conhecidos da mente, abrindo o Instituto de Ciências Noéticas na Califórnia, em 1973. As pesquisas avançaram e, em l992, dizia Mitchell com toda segurança num artigo para uma das publicações do Instituto: "Quando voltei do espaço, compreendi que não há separações, que tudo é inteligência, harmonia, criatividade; que o universo é inteligente." Acrescenta que essa inteligência universal é uma consciência fundamental por trás de tudo o que existe, tendo como produtos a energia e a matéria — que dão forma às coisas que vemos e com as quais interagimos.

Assim, de certo modo, não existem diferentes consciências, mas sim as diversas faces de uma mesma consciência única, que aprendemos a reconhecer nos mais diferentes níveis, nas mais diversificadas formas. Quando desbloqueamos nossos preconceitos e as barreiras da crítica, um nível ampliado de percepção pode ocorrer. As nossas molduras mentais de compreensão podem cair, dando espaço para visões novas, sofisticadas.

A existência dessa megaconsciência universal, manifestada em diferentes formas, também ajuda a compreender por que a visualização criativa pode funcionar. Faz-nos inferir como a mente, que agora pode ser compreendida como uma espécie de canal para essa consciência, dispara os mecanismos cerebrais que nos predispõem para a ação.

Diz Ornstein em seu livro, conforme trecho extraído da edição americana: "Não é muito surpreendente constatar que, quando estamos preparados para fazer algo, nossos cérebros refletem esse estado de preparo. Contudo, outra mudança gradual na descarga elétrica do córtex apresenta propriedades surpreendentes. Esta onda cerebral, chamada potencial *de prontidão*, acontece antes da ação voluntária. Começa a surgir entre meio a três segundos antes do começo de um movimento".

Em outras palavras, antes que você faça qualquer ação, seu cérebro já está preparado para agir, mesmo quando a ação seja *espontânea*.

Ora, na visualização criativa, o que você faz é *avisar* o cérebro de que você vai tomar uma ação. Ele de alguma forma já *sabe* disso, porque capta as coisas antes de elas ocorrerem. Mas quando você imagina conscientemente, o cérebro como que recebe a confirmação. E aí, numa terceira etapa, se você parte para uma ação prática, antes *avisada* numa visualização, o cérebro está muito mais pronto para comandar a reação adequada do corpo.

Todo este complexo processo de domínio da mente, acesso à intuição, focalização altamente concentrada de atenção, canalização de forças para desempenhos excepcionais, fazia parte do repertório admirável de Ayrton Senna.

Exemplos?

Nuno Cobra gosta de lembrar-se do Grande Prêmio da Espanha de 1989. Senna vai para o autódromo absolutamente concentrado em si, no carro, na corrida. Seu nível de presença consigo mesmo o torna imune à balbúrdia do autódromo, ao ronco dos motores, à agitação da torcida, à badalação de fãs, nobres e imprensa. Está absolutamente focado na sua tarefa. Dá a largada e sente-se íntegro, unido com o carro. Parece antecipar as curvas, as manobras. Ele e o carro são uma coisa só. Dá a impressão que não está correndo, mas que sim, ele e o carro **são** a corrida. Ganha a prova em estado de graça.

Em 1991, disputa o Grande Prêmio Brasil querendo de qualquer jeito quebrar o tabu de nunca ter vencido entre nós. No autódromo de Interlagos, a marca do herói. Aquela figura que cresce sob pressão, mantém o autocontrole e a persistência sob as mais duras condições contrárias. Uma diferença sutil entre ele, Senna, e Mansell, por exemplo. Outro formidável campeão, claro, mas nunca atingiu a galáxia de luminosidade que habitou Senna. Sob pressão por erros cometidos, o inglês desaba, perde rendimento. Senna cresce, supera-se, ele sim, o verdadeiro leão.

Essa corrida é a vitória dramática que entra para sempre no rol dos momentos inesquecíveis da história do automobilismo mundial. Um dos exemplos mais sublimes da fibra de um verdadeiro campeão já registrado pelos meios de comunicação modernos.

Ayrton está liderando relativamente tranquilo até sete voltas para o final, quando o famoso Imponderável de Souza das crônicas do futebol baixa no circuito. A caixa de câmbio estoura quase todas as marchas. A única marcha que continua funcionando é a sexta, que serve para os trechos de alta velocidade, mas quase naufraga tudo nos trechos de baixa e média. Riccardo Patrese, o segundo colocado, aperta o cerco, Senna perde velocidade.

Como se não bastasse, começa a chover em certos trechos da pista. Imagine, controlar o carro naquelas condições! O motor quase morre. O carro mal obedece em curvas de alta velocidade. O esforço físico que Senna faz é brutal, próximo do desumano, cãibras e espasmos musculares. Recebe a bandeirada menos de três segundos à frente do italiano. O motor pifa de vez. Não tem força própria para sair do carro. Mal consegue levantar o troféu no pódio.

Também assistimos sua fantástica exibição de intuição apuradíssima, no Grande Prêmio da Europa de 1993. A pista do circuito de Donnington Park está, primeiro, seca durante a corrida. Depois chove. Depois fica seca de novo. Em todas as ocasiões, Senna faz as mudanças de pneus nos momentos precisos, exatos. A intuição casada com o entrosamento perfeito com o meio ambiente. A coisa da **sincronicidade**. Você se recorda do termo, certo? A capacidade de reagir às mudanças bruscas das condições em torno, agindo no momento certo, da forma adequada, conforme as circunstâncias vão se configurando. Você toma a atitude, com coragem e fé, e de repente aparecem condições que favorecem a realização da ação que você decide executar.

De novo, para diferenciar estilos de heróis e guerreiros, uma comparação. Com o também talentoso Alain Prost. O francês foi nas pistas o grande professor da lógica. Corria como um relógio, fazia tudo conforme um planejamento prévio meticuloso. Mas era só condições inesperadas ocorrerem na prova e... tome indecisão.

Prost simboliza, a meu ver, o que pode atingir alguém guiado prioritariamente pelas capacidades acionadas pelo hemisfério cerebral esquerdo. Tudo pode ir muito bem, mas nas condições inesperadas e mudanças bruscas de percurso, o hemisfério esquerdo, se estiver comandando o show, não resolve, porque é lento demais para avaliar situações e tomar decisões. Mesmo para um campeão como Prost.

Daí, conforme alguém já escreveu, se Prost foi o professor, Senna foi o mestre. O francês, condicionado por uma cultura que prima pelo pensamento racional, mecanicista. O brasileiro, filho de uma cultura desavergonhada da emoção e das sensações. Rápida, irreverente, contextual, capaz de sacar uma situação globalmente e agir com presteza. Senna levou essa capacidade, simbolizando-a, ao máximo. Na pista, as capacidades acionadas pelo hemisfério direito casavam-se com o esquerdo, mas eram as do direito que decidiam, nas situações-limite. Nunca o esquerdo imperava, como no caso de Prost.

Com Senna, tivemos um exemplo público, pioneiro e de impacto, de como em nossa era o desenvolvimento consciente do potencial da mente desce do plano dos místicos, dos santos e dos sábios orientais, dos cientistas de vanguarda ocidentais e dos experimentadores de novidades. Cai de cheio no prosaico cotidiano de milhões de pessoas através dos televisores domésticos e das páginas da mídia impressa.

Acontece no momento histórico em que astrólogos, místicos e revolucionários sociais popularizam a informação de que a civilização humana está vivendo a Era de Aquário. O termo foi difundido à exaustão pela contracultura americana dos anos 60. Muita gente vai se lembrar do musical **Hair**, auge estilizado do movimento *hippie*, montagem que no Brasil projeta o nome de Sonia Braga. O principal tema musical do espetáculo fala do novo tempo que chega ao planeta, trazendo a promessa de paz, entendimento ampliado, consciência, harmonia entre povos.

A ideia por trás do conceito é de que a evolução é processo da própria consciência. Tudo o que existe, do homem ao micróbio, da Terra ao cosmos, tende a evoluir de uma forma de organização simples para outras, gradativamente mais complexas. Tudo na criação, gerado a partir de uma consciência divina, está integrado como numa espiral inseparável. Ocupamos pontos diferentes da espiral, mas somos todos partes dela. Quando nos movemos, a nossa ação afeta os que estão abaixo e os que estão acima de nós, na espiral.

O universo, o planeta, a humanidade e as demais espécies evoluem em ciclos. Cada período largo de existência enfatiza o aperfeiçoamento de certas qualidades, obriga a depuração de determinadas imperfeições. Depois, cede espaço a um ciclo novo, que continua o processo evolutivo, mas enfatizando outras qualidades e outras imperfeições a serem transformadas.

Um ciclo cósmico dessa envergadura dura algo assim como 2.100 anos, dizem os astrólogos. Estamos agora num ciclo novo, em fase inicial de ajuste, que é a Era de Aquário. Parece que ninguém pode dizer ao certo quando começou. As versões diferem. Uns dizem que foi na Revolução Francesa, colocando em evidência o tema de liberdade-igualdade-fraternidade. Outros dizem que foi em 1948.

O fato é que, cosmicamente, mal começou. Ainda convive com a força persistente do ciclo anterior. O que propõe a Era de Aquário para o homem, conforme sugere a psicóloga e astróloga suíça Louise Huber em seu livro **Signos, Zodíaco e Meditação** — Totalidade Editora, São Paulo, 1988 —, é viver e pensar simultaneamente nos dois mundos da realidade da existência, o espiritual e o material. Nesta Era, diz, "o mundo exterior e o interior devem se aproximar, complementando-se numa síntese de intercâmbio ritmado" e "a consciência do homem é o ponto de encontro desses dois mundos".

Para ela, "Aquário é o responsável pelas mudanças que agora se fazem sentir em todos os aspectos da vida humana." Mais, sua influência penetra em todos os lugares, constituindo forças que "estão permeando todas as formas de manifestação". Representam "correntes poderosas e subjetivas de energia que estão provocando mudanças em nossa vida planetária e em todos os domínios da natureza".

Sendo assim, a era em que vivemos traz de volta a noção do sagrado que a humanidade perdeu. O sagrado aqui não tem conotação de seita ou religião, mas se refere à religiosidade em si. À compreensão de que tudo na existência está interligado e tem vida, fazendo parte de uma grande teia conectada em evolução coordenada. Não há mais separação entre o mundano e o sagrado porque, em síntese, mesmo o ato mais mundano tem embutida nele a semente do sagrado. O sagrado é sutil, precisa ser descortinado pelos sentidos mais nobres do homem e pelo sentimento puro.

Ora, se o sagrado chega ao cotidiano e se o sagrado significa o homem reencontrar a si próprio em dimensões ampliadas de visão de si mesmo, aqui e agora, quem poderia melhor simbolizar essa possibilidade para milhões do que um herói moderno do esporte, imagem exposta para o mundo inteiro através da televisão via satélite? Quem mais teria eco junto à grande massa da classe média mundial do que alguém desse perfil? Um grande místico, um sábio, um brilhantíssimo cientista provavelmente não seriam os mais indicados para tocar os corações da multidão. Para chamar a atenção para esse aspecto tão importante da vida, quase esquecido pela sociedade contemporânea.

Brincalhona e sábia, a grande consciência por trás de tudo escolhe e convida um corredor de automóveis ambicioso, disposto a experimentar novos conhecimentos que o ajudem a vencer. O truque é que as novas tecnologias que experimenta ultrapassam o objetivo pretendido. São meios para uma descoberta surpreendente de si próprio e do mundo.

Por que no Brasil?

O país é regido por Urano e Netuno, dizem astrólogos. Urano é o regente de Aquário. Deduzo, então, que Urano prenuncia um papel importante para este país no girar cósmico da evolução. Desmistificar o sagrado. Tirá-lo do seu aprisionamento em bolsões exclusivos, dominados pelos senhores das religiões estabelecidas. Ao mesmo tempo, respeitosamente, trazê-lo para o povo, para o cotidiano.

Os dois planetas estão presentes na carta astral de Ayrton Senna da Silva, um ariano. Áries, segundo Louise Huber, representa "uma nova vida e o começo de um novo ciclo", rompendo a "cobertura exterior pelo poder impulsivo e interior, que destrói todas as fronteiras para dar espaço a uma vida nova", induzida pelo "poder dinâmico da vontade". Portanto, Áries, um signo de fogo, força e ímpeto, pode ser muito bem colocado a serviço de Aquário, exatamente no instante em que um novo "período cíclico de estímulo espiritual ativa o crescimento e a transformação da consciência humana", dando "impulso ao curso da história".

O que move Áries?

Romper fronteiras, explorar limites, ampliar seu conhecimento de si e do mundo. O que movia primordialmente Ayrton Senna não parecia ser o dinheiro ou a fama. O que o movia, tudo indica, era a ambição da exploração da velocidade, da superação de limites, principalmente dos próprios. Os carros eram um meio privilegiado, não um fim.

O que ganhava, de mais importante, era um prazer não apenas físico. Era uma descoberta deleitosa, mental, corporal, que o fazia, provavelmente, vislumbrar lampejos da consciência mais profunda que vive adormecida na maioria dos mortais. Esse era o grande troféu pelos seus esforços ígneos, conforme sugere ao repórter da famosa entrevista de **O Estado de S. Paulo** após o tricampeonato:

— Quem pilota um carro de competição em alta velocidade, se expõe a riscos, sente esses riscos, ultrapassa limites, estabelece recordes e preenche ansiedade, expectativas e sonhos. O automobilismo é também um esporte bastante violento. Afinal, o carro é uma máquina agressiva, o poder ali em volta é muito grande. Logo, inevitavelmente, você propicia a si mesmo, a seu corpo, a sua mente, momentos de emoção que levam diretamente aos pontos mais fortes do seu corpo, da sua personalidade. Afeta a base do seu viver, dos seus valores, dos seus pontos fracos e fortes. Toca de uma forma muito especial. A cada vez que você encosta nesses pontos-chave da mente e do corpo, gera todo o tipo de substâncias químicas que, por consequência, podem trazer todo tipo de sensação. E sem estar usando qualquer método artificial para estimular essas sensações. Você está utilizando apenas a sua própria capacidade de criar, desenvolver e executar cada vez mais. Tudo é muito intenso, mexe com as suas bases, a ponto de se ficar se cutucando, pois está permanentemente em contato íntimo com o seu interior.

O desafio maior, porém, é que tanto o impulso de Áries quanto a abertura de Aquário apresentam perigos igualmente potentes, obrigando o indivíduo a caminhar no fio da navalha em busca de equilíbrio. Ayrton Senna teve de entrar, em sua vida, num campo de batalha interior que também se deflagra em cada um de nós, exigindo mais cedo ou mais tarde uma difícil, mas recompensadora harmonia.

Conflito na sombra da vitória

Quando a morte recolhe Ayrton Senna na pista de Ímola, o piloto está vivendo, há algum tempo, indícios de um profundo conflito interior. O efeito resultante é que não se encontrava psicologicamente bem para correr. Particularmente no fim de semana fatídico do Grande Prêmio de San Marino.

Como vamos entender isso?

Temos de fazer uma rápida viagem ao modo pelo qual enxergamos a realidade e pelo qual atuamos no mundo. A vida é um fenômeno misterioso. Com todo o avanço do conhecimento e mesmo da ciência menos limitada de visão, há muitos aspectos que não compreendemos inteiramente. Intuímos uma série de coisas, ampliamos bastante nossa perspectiva, como espécie inteligente, mesmo assim falta-nos algo, às vezes. Porque há circunstâncias em que a vida parece paradoxal.

Este é o dilema. A maneira como vemos o mundo é condicionada por um conjunto complexo de valores e crenças, gerados internamente em nós próprios, a partir de influências que vêm de fora. Da sociedade como um todo. Recebemos influências dos pais, dos amigos, do grupo social a que pertencemos, do povo do qual somos parte, da nossa cultura, da civilização onde estamos inseridos, do momento histórico em que vivemos. Toda essa teia de influências conforma — isto é, molda, dá forma, direciona — o modo que vemos a realidade, constituindo o que os estudiosos chamam de **paradigma**.

Um paradigma forma-se com o tempo. Quando é sólido o bastante perdura durante décadas, séculos, conformando a visão de mundo de gerações e gerações. Permeia tudo. Está presente no modo como uma sociedade organiza sua vida, desenvolve suas atividades, educa seus filhos, ativa a economia, trata a ação política. E assim por diante.

O Brasil, como filho da Europa e do avanço do olhar europeu sobre o mundo, a partir das descobertas dos novos continentes, herdou um paradigma básico que foi se arquitetando por lá no passado, atingindo força quase indiscutível no século XIX. Mantém ainda uma arraigada presença entre nós. É o paradigma que integra várias características importantes. Por isso, ele é chamado de mecanicista, reducionista, materialista, cartesiano e positivista.

Mecanicista porque toma a máquina como parâmetro básico que orienta o modo como tudo o mais é encarado. Nessa perspectiva, por exemplo, a medicina convencional vê o corpo humano como se fosse uma máquina em funcionamento. Reducionista e materialista porque tenta reduzir tudo a aspectos puramente materiais. O sujeito está doente simplesmente porque comeu demais e o estômago não aguentou o tranco. Então vamos dar um remédio para o estômago, nada mais. Vamos tratar do sintoma apenas, achando que estamos atacando a causa. Vamos esquecer qualquer consideração emocional de por que o indivíduo, em primeiro lugar, anda comendo acima da conta.

Cartesiano porque se apoia primordialmente no pensamento racional, deixando de lado qualquer abertura para a intuição. Positivista porque acredita que a Natureza tem de ser explorada e controlada para benefício do homem, através da imposição da nossa vontade racional *superior*. É o lema Ordem e Progresso da nossa bandeira.

Quer dizer, vale tudo. Vamos explorar e acabar com a floresta amazônica porque ela está lá para isso mesmo. Para servir aos interesses míopes de muita gente de poder que vai se entupir de dinheiro com a exploração dos recursos da floresta durante uma ou duas gerações, destruindo para sempre um delicado equilíbrio ecológico. O prejuízo ficará para as vidas seguintes, da terceira geração em diante, da quarta, da quinta, da sexta ...

Historicamente, esse paradigma tem sua validade relativa. Baseou-se em conhecimento científico que, na sua época, deu-lhe sustentação. Até aí tudo bem. Mas acontece que o homem, na sua ignorância em não se render à sabedoria maior da existência global que envolve tudo o que vive, inclusive ele próprio, transformou esse paradigma no senhor todo poderoso da sua percepção do mundo. Passou a colocá-lo como camisa de força sobre tudo o que faz, rejeitando a ferro e fogo qualquer outra forma de encarar a realidade.

Acontece, porém, que tudo tem um ciclo de nascimento, maturidade, morte e transformação. Desde o começo do século XX, avanços revolucionários no campo científico passaram a questionar as *verdades* desse paradigma, mostrando que a coisa não é bem assim. A Teoria da Relatividade do Einstein contribuiu para isso. A física quântica, que se desenvolveu em seguida, avançou mais ainda. Estudos inovadores na biologia deram origem à Teoria Geral dos Sistemas, mostrando que o mundo não é dividido em unidades estanques, como se fossem máquinas, mas que na verdade funciona dinamicamente como um organismo integrado por partes que interagem de modo inteligente e criativo.

A integração de várias novas teorias e compreensões da realidade, a partir daí, deu origem a um novo paradigma que está em ascensão agora. É o paradigma holístico. A base conceitual é que tudo está formado por conjuntos hierárquicos, uma coisa fazendo parte de outra maior. Na medicina que busca um enfoque holístico, o fígado do cidadão doente tem de ser entendido no contexto do seu sistema digestivo inteiro e este na realidade total do corpo. E o funcionamento do corpo deve ser encarado sob o enfoque da sua interação dinâmica com as emoções do paciente. Estas, por sua vez, têm a ver com o modo como encara a vida, como se vê a si próprio, como se auto estima. Ou como se auto despreza, muitas vezes...

Bem, e daí com Ayrton Senna?

Muita gente já deduziu, lendo o livro até esta parte, que o preparo físico, mental e técnico de Senna envolveu um trabalho em que componentes dos dois paradigmas combinaram-se. Esta é a tendência do futuro. A evolução existe para isso mesmo. Enfatizamos certa habilidade durante um tempo. Depois enfatizamos outra e aprendemos a combinar as qualidades das duas. Senna era um exímio conhecedor de motores, uma qualidade típica do paradigma mecanicista, onde a especialização, em que a pessoa aprende a mergulhar nos mínimos detalhes de um conhecimento, é uma tendência valorizada. Mas também era, muitas vezes, altamente intuitivo, captando de alguma forma, em seus momentos de grande lucidez, as condições integrais das situações em que estava envolvido. Uma capacidade do paradigma holístico, onde você é estimulado a ver as coisas em interação dinâmica.

Senna representou essa ponte. Personificou, num esporte de alta performance, a tendência do homem em aprender, agora, a combinar as duas possibilidades. Se quiser entender assim, é também a busca da harmonia entre as capacidades dos dois hemisférios cerebrais. O esquerdo, racional, lógico e analista. O direito, artístico, poético e globalizador, abarcando tudo o que vê de modo interativo, integrado, dinâmico.

A fase atual do homem e o momento presente da civilização humana é exatamente este, o da transição de um paradigma a outro. Neste novo, o anterior integra-se, só que de modo suave, compartilhando qualidades, não mais impondo unilateralmente sua perspectiva. Uma transição nada fácil, na verdade. Aparecem conflitos. Porque exige rupturas internas muito importantes. Transformações radicais. Coragem. Força. Acontece primeiro, a morte de muitas de nossas convicções. Pintam a insegurança e o medo. Só depois vêm a confiança e a serenidade na nova situação, em que já dominamos o modo novo de agir no mundo, harmonizando interiormente as duas possibilidades.

Uma das primeiras constatações que temos, quando entramos nessa crise da transformação de visões, é que muita coisa à nossa volta não conseguimos compreender direito ainda. Há fenômenos que parecem paradoxais, incoerentes.

De volta à questão da morte de Senna. Pode soar paradoxal ter escrito antes que Ayrton tinha acesso a planos sutis da consciência humana e agora sugerir que ele não estava psicologicamente bem, no âmbito das corridas, em 1994. A aparente incoerência só tem validade se estivermos muito presos ao paradigma cartesiano. Um dos princípios desse paradigma diz que a realidade só pode ser uma coisa **ou** outra. Pão, pão; queijo, queijo. A cor é branca **ou** preta.

O paradigma holístico, porém, apoiado pelos estudos da física quântica, mergulhada na observação das partículas subatômicas, mostra que a realidade pode ser uma coisa <u>e</u> outra, simultaneamente! Pode ser uma mistura de possibilidades. Branca e preta ao mesmo tempo, cinza. Pode ser, dinamicamente, ora uma coisa, ora outra.

Como todos nós — e como a vida de tudo o que existe — estamos, a pessoa humana Ayrton Senna estava também, em evolução, neste plano de existência. Como tal, tinha o propósito de aprender o máximo que pudesse de como funciona este plano aqui concreto da civilização dos homens. De como crescer em meio a ele, usando recursos daqui, além de outros níveis menos palpáveis de realidade. Uma tarefa sujeita a sucessos e fracassos, progressos e deslizes. Afinal, aprender é humano.

Neste sentido, apesar do mergulho em dimensões ampliadas da consciência, Senna talvez não tenha caminhado o suficiente para o tamanho do desafio que enfrentava. Até certo ponto, o que usufruía da ascensão a níveis sutis de percepção ainda estava muito restrito ao objetivo direcionado da competição esportiva. Talvez tenha faltado tempo ou fôlego para uma mudança interna realmente radical.

É compreensível a dificuldade, porque sofria a enorme pressão do meio profissional com o qual estava comprometido. Um meio duro, rude, extremamente materialista, movido por valores capitalistas ao máximo. Competitivo, cruel, desumano até. Senna era também produto desse meio. Não poderia vencer sem ter assimilado armas próprias daquele ambiente. O feroz espírito competitivo, por exemplo. Aquilo que os cronistas norte-americanos gostam de chamar de instinto matador, referindo-se a estrelas de esportes de alta competição.

Neste aspecto, Senna era, na arena esportiva, um gladiador. Sob certo ângulo, era uma espécie de máquina biológica humana. Alguém que, para vencer, tem de dominar a máquina artificial que é o seu meio de expressão por excelência. Esta vitória só ocorre se o indivíduo agir como se fizesse um pacto com ela. Ele tem de incorporar em si mesmo características dessa máquina, para poder *dialogar* com ela, entender-se com ela, assimilá-la.

Uma corrida de Fórmula 1 exige o máximo do piloto. Se ele quer vencer num esporte de máquinas, não há outro meio senão agregar à sua natureza humana — durante a competição, pelo menos — características mais típicas da máquina. Isso significa tentar amordaçar certos tipos de sensibilidade e emoções, como o medo ou o afeto. Michael Schumacher, por exemplo, diz que recebe com frieza os elogios, porque "não posso me deixar envolver pela emoção".

Senna incorporou o destemor e o arrojo quase sem limites. Na reportagem da revista **Scanorama**, citada anteriormente neste livro, o autor Rob Hughes destaca que vários adversários do corredor brasileiro percebiam nele uma ferocidade competitiva próxima da ameaça física. Quando viam a McLaren vermelha e branca e o capacete amarelo e verde se aproximando pelo retrovisor, o pensamento que tinham era esse: "Lá vem ele! É melhor deixá-lo passar ou vai me atropelar. Estou disposto a morrer para impedi-lo?"

Não havia meio termo. Senna entrava com tudo. Claro, não era um piloto tresloucado, sem talento, que contasse apenas com o arrojo. O fascínio de seu caso é exatamente o oposto. Tinha uma perícia ao volante finíssima, mas ao mesmo tempo utilizava a ousadia física, visceral, em ocasiões extremas. O limite entre uma coisa e outra era delicado, tênue. A batida com Alain Prost na decisão do campeonato de 1990 resume tudo.

Até um certo momento de sua carreira, parecia confiar desmesuradamente em sua sorte. Os vários acidentes pelos quais passou não lhe arrefeciam o ânimo. De um lado, tinha razão, até certo ponto, em arriscar mais, porque seu limite — ele mesmo considerava — estava um pouco acima dos demais pilotos. Melhor preparado, mais intensamente motivado, podia avançar aquele milésimo de segundo e aquele milímetro de espaço que faziam a diferença entre ele e os demais, entre a vida e a morte.

Para manter uma performance extrema desse tipo, tinha de estar sempre muitíssimo bem-preparado, totalmente focado no seu objetivo. O tempo todo. Daí talvez porque durante os anos iniciais da carreira não tivesse vida afetiva plena. Daí talvez porque de quando em quando se fechava para o mundo, entrando num mutismo total, ficando em absoluto silêncio durante um largo tempo, num comportamento que causaria constrangimento e estranheza aos menos avisados. Daí a cara amarrada e a tensão nas pistas de corridas, num esforço interno poderoso para manter as emoções sob controle, contidas para explodir apenas na direção da vitória.

O dilema da história é que Senna não foi apenas esse corredor quase disposto a tudo para ganhar. Foi também um homem sensível a ponto de levar publicamente para a Fórmula 1 esse tema tão estranho a ela. A espiritualidade, a religiosidade. Esta convivência entre os dois polos, o externo — da competição no mundo material, e o interno — da descoberta de uma visão diferente da vida, delicada, foi a primeira e mais importante face do conflito interno de Ayrton Senna. O conflito estava ali para ser solucionado, superado, harmonizado, integrado. Um trabalho penoso, dificílimo.

Sinais dessa crise interior, com o aflorar poderoso da sensibilidade emotiva, aparecem de vez na sexta-feira, 29 de abril de 1994. Primeiro dia da tomada de tempos para o Grande Prêmio de San Marino. Quando Rubinho Barrichello sofre aquele acidente pavoroso e cinematográfico, diz a imprensa que Ayrton suspende imediatamente seu treino, corre para o centro médico do autódromo. É barrado. Nervoso, contorna a situação, dá um jeito. Vai lá apertar a mão de Rubinho. Dar uma força ao rapaz, um garoto tentando subir na Fórmula 1, seu amigo de São Paulo. Sai do local tenso, conversa meio afobado com os repórteres.

No sábado, o ambiente piora muito. Ayrton está no boxe quando presencia, pelo monitor de televisão, o acidente fatal de Roland Ratzenberger. Entra em estado de choque. Chora convulsivamente no boxe. Depois, vai ao local do acidente do austríaco. Decide não treinar mais. Os repórteres comentam que o campeão está transtornado, profundamente abalado.

Adriane Galisteu, a namorada, conta em seu livro **Caminho das Borboletas** — Editora Caras — que Ayrton lhe telefona aquele dia, um pouco após o almoço. Adriane está em Portugal. O namorado, para surpresa dela, acostumada a um homem forte e corajoso, chora como menino. Está revoltado com os cartolas da Fórmula 1 que afirmam Ratzenberger ter morrido no hospital, quando ele,

Senna, viu o piloto quase estreante — fazia a segunda corrida de sua carreira — morrer na pista. Diz que não vai disputar o Grande Prêmio.

Teria sido uma medida sensata. Ayrton não está realmente bem, psicologicamente. Está muito fragilizado pelo aflorar de seu lado emocional. Pelo sentimento de injustiça. Aquele mesmo que o movera contra o cartola Jean-Marie Ballestre antes. Provavelmente chocado por enxergar brutalmente, agora, a frieza desumana da Fórmula 1. Ora, se um corredor morre num treino, não seria o mais aceitável interrompê-lo? Adiar a prova do dia seguinte? Por respeito à memória do morto, por respeito aos demais pilotos?

Seria o que ocorreria se tivéssemos alimentado a nossa sociedade com o sentimento do sagrado. A vida humana é demasiadamente preciosa, fruto da maravilhosa evolução biológica que começou lá atrás, na ameba. Indo mais longe, começou quando o grande *big-bang* pode ter explodido tudo, no cosmos, dando partida a experimentos que se iniciaram com as supernovas e estrelas.

Mas, claro, não estamos acostumados a essa percepção das coisas. Fomos habituados, pelo paradigma mecanicista, a ver tudo como simples engrenagem de uma grande máquina. Rompe-se uma peça, mesmo um ser humano, tudo bem. Não tem problema. Simplesmente descartamos, arrumamos outra. Morre o austríaco, sinto muito. Azar o dele e dor para a família. O show deve continuar.

Ao mesmo tempo, enfatizamos em demasia o lado materialista das coisas. Bom, e se adiamos o Grande Prêmio, como ficam os nossos patrocinadores? As emissoras de televisão? E o público que comprou ingressos? E os promotores da corrida, aqui em Ímola?

É a sociedade quase inteira que está acostumada a pensar estreito. No fundo, valorizamos tudo, menos a vida em si mesma. No caso da Fórmula 1, não são apenas os cartolas que são *capitalistas selvagens, sem coração.* E a imprensa, que chia mas não pressiona de verdade? Os patrocinadores, que não retiram seu apoio numa situação dessas? E os corredores, individualistas ao extremo, que não tomam uma atitude forte, fazendo greve contra a insensibilidade? E nós, telespectadores que reclamamos se não apresentam o que estava programado para aquele dia, custe o que custar? E o público do autódromo, que se chateia se a prova é adiada?

O próprio piloto se obriga a correr sob condições assim porque tem a questão da autoimagem. A manifestação da sua vontade no mundo, movida pelas expectativas que os outros criam sobre a pessoa e que ela mesma se impõe, num jogo interativo com a sociedade. Se consegue sucesso, isso dá uma aceitação social incrível, reforçando em demasia o ego, que procura a partir daí repetir a fórmula de desempenho para garantir o que entende ser, no fundo, o que todos nós procuramos. Aceitação, reconhecimento. Amor.

Qual é a imagem de Senna em 1994? De um corredor arrojado, destemido. Alguém capaz de autossuperação o tempo todo, de conquistar o impossível. Alguém que, a imprensa espera, baterá todos os recordes da Fórmula 1, inclusive o inédito pentacampeonato de Juan Manuel Fangio.[4] Um sujeito *imorrível.* Acidentes feios ao longo da carreira, mas olha lá o Senna saindo de debaixo do carro todo virado, rodas para o ar. Saindo inteiro, vivinho da silva. Nós, a coletividade, projetamos sobre ele nossas expectativas. Numa relação sutil, complexa, o herói procura corresponder ao jogo. Porque é assim, como o herói, que se autorreconhece.

---

4 O recorde viria a ser batido por Michael Schumacher, com seus sete campeonatos conquistados, dos quais cinco seguidos. E por Lewis Hamilton, também com sete campeonatos vencidos até 2021.

Ayrton coloca-se na corajosa, difícil e arriscada posição de cortejar o medo. Fascinado por ele, o desafio é transpô-lo. Diz à imprensa, um dia de 1991: "O medo faz parte da vida da gente. Algumas pessoas não sabem como enfrentá-lo, outras — acho que estou entre elas — aprendem a conviver com ele e o encaram, não como uma coisa negativa, mas como um sentimento de autopreservação».

Toda essa tempestade de pressões procedentes de fora, do circo, e de pressões internas, de autoimagem e tentação para corresponder às expectativas, deve ter fervilhado o dia inteiro na cabeça de Senna, naquele sábado decisivo para sua vida. Essas pressões são processos íntimos, nem sempre conscientes, nem sempre expressados verbalmente.

À noite, quando liga de novo para Adriane, parece refeito. Está decidido a correr. O lado heroico presente. Avisa que se ganhar, terá a bandeira da Áustria nas mãos. Homenagem ao colega morto no trabalho.

No domingo, porém, após o aquecimento pré-largada, parece sisudo mais do que o normal. E acontece aquela cena estranha, contemplando o Williams mais tempo do que o habitual, de um modo enigmático. Como que tentando fazer as pazes com o carro. Para muita gente, que vê a cena na televisão depois de tudo consumado, o Williams transformado em esquife, Ayrton está intuindo algo. Talvez alguma coisa difusa, talvez um vago sentimento de que algo grave pode ocorrer. Mas vai em frente, desmedidamente um bravo, na busca de superação do medo que talvez nunca tivesse sido tão intenso. Na descoberta, como sugere Adriane, que homem e máquina são, também, frágeis. E na tentativa de superar à força essa fragilidade.

O problema grave que pode ter ocorrido ali pode ser compreendido também à luz do estudo dos arquétipos, de Jung. Quando há uma identificação muito forte entre a pessoa e um arquétipo determinado, o processo pode chegar a tal ponto, em situações extremas, que o indivíduo meio que some, passando a atuar psicologicamente apenas no nível do arquétipo. E o arquétipo do herói tem uma componente impessoal, coletiva. Nas mitologias, o herói quase sempre morre jovem, no auge da forma e da coragem. Sacrifica-se em prol do coletivo. O seu aspecto individual, pessoal, retrai-se, dando espaço à força poderosa, inconsciente, do arquétipo, que é, digamos assim, cego. Vai em frente.

Uma das características delicadas do arquétipo do herói é a sensação de que a pessoa, afinada com essa qualidade, é imbatível, indestrutível. Alain Prost, na época das brigas com o brasileiro, chegou a dizer algo muito antipático, que nos incomodou bastante no Brasil: "Ayrton tem um pequeno problema. Pensa que não pode se matar porque acredita em Deus". O problema é que viver no limite sem maiores danos pode funcionar um tempo, em condições de exceção. Depois a onda vira, já que tudo é dinâmico. Temos de saber acompanhar a mudança.

Talvez Ayrton Senna não tenha conseguido perceber a tempo os sinais que, em sua vida, o pressionavam para uma alteração consciente de atitude. Seu drama interior já vinha acontecendo, na verdade, de longe. Da sua preocupação com a insegurança do autódromo de Ímola, manifestada em treino prévio, bem antes do Grande Prêmio. De sua difícil adaptação ao Williams, um carro com o qual não tinha ainda se entrosado. De seu desempenho pobre no campeonato, até então. Rodara no Brasil, batera logo na largada no Grande Prêmio do Pacífico.

Particularmente, quando vi uma tomada de televisão antes da largada dessa corrida, no autódromo japonês de Aida, achei o Senna excessivamente tenso. Seria normal ver um piloto tenso, absolutamente concentrado, armazenando adrenalina, antes de uma largada. Mas por algum motivo, aquele dia, senti que algo não estava bem. O nervosismo era exagerado, de alguém que se sente impotente diante de um desafio acima de suas forças.

A transferência para a Williams parece ter ocorrido num momento infeliz. Em 1992, quando o McLaren de Senna se transforma em quase carroça diante dos Williams e sua relação com a equipe deteriora-se, o sonho ambicioso é mudar para a escuderia vencedora do campeonato daquele ano, com Nigel Mansell. Um ano desgastante, politicamente.

Senna sai perdendo. Prost volta do exílio de um ano, assinando com a Williams. É tetracampeão em 1993, encerrando a carreira. Só então é que Ayrton consegue fechar com a Williams. Mas aí já mudou tudo. O carro não é mais o imbatível de antes. As regras são alteradas. A antiga vantagem tecnológica dos Williams perde valor.

Impetuoso, movido pela vontade de sempre ir em frente, Senna talvez não tenha conseguido, naquele momento de mutação de sua vida, que começa em 1992, parar para refletir, direcionando o rumo de sua existência para outro lado. As dificuldades políticas para a transferência da McLaren para a Williams, que duraram duas temporadas, eram sinais de que o caminho talvez não fosse por ali. Pessoalmente, eu achava então que ele deveria ter parado um ano, como fez Prost, ou ter ido para a Fórmula Indy, como parecia estimular-lhe Émerson Fittipaldi.

Tenho um sonho enigmático, em 6 de abril de 1992, um dia após o Grande Prêmio Brasil:

*Vejo um livro de bolso, publicado em inglês, no exterior. Tem a capa toda preta, as letras brancas. O título é **Ayrton Senna: Peace and Alchemy**.*

O título quer dizer **Paz e Alquimia**. Significa para mim, no contexto em que vejo Senna dando-se mal no campeonato de 1992, ansioso com o que considera lentidão da McLaren e da Honda em se manterem na vanguarda da inovação tecnológica, que ele vai parar um pouco, refrescar a cabeça. Mudar de rumo.

Não acontece. Talvez tenha faltado o direcionamento da sensibilidade para verificar que um ciclo se encerrava e outro completamente diferente poderia acontecer. Talvez tenha faltado diminuir a rotação do motor interno da agressividade e da competição para a pausa, para o afastamento do processo, de modo a transformá-lo. Para escapar da tentação em continuar girando na mesma via em que fora tão bem-sucedido, mas que se esgotava, por um momento.

Nesse sentido, sou obrigado a reconhecer, talvez houvesse algo a aprender com Alain Prost. Pessoalmente, nutri uma antipatia grosseira por Prost, achando, via meios de comunicação, que o corredor francês agia maquiavelicamente nos bastidores contra Senna, na época das brigas entre os dois. Diminuí essa imagem quando Prost, nobremente, a meu ver, compareceu ao sepultamento do brasileiro.

Há muito que aprender com um adversário poderoso. Naturalmente que Prost aprendeu muito com Senna, foi obrigado a buscar a perfeição. Prost também estimulava muito Ayrton a dar o melhor de si sempre, conforme ele próprio reconheceu antes do Grande Prêmio fatídico, dizendo ao francês que sentia sua falta.

Prost teve três comportamentos em sua carreira que, agora, em retrospecto, o engrandecem aos meus olhos. Evitava ultrapassar limites que considerava demasiadamente perigosos. Chegou a perder corrida por recusar correr na chuva. Quando encontrou dificuldades para disputar o campeonato de 1992, aquietou-se, conformou-se. Retirou-se um ano, percebendo que a maré não estava favorável, retornando o ano seguinte para encerrar a carreira tetracampeão. Recusou-se a voltar a correr, após a morte de Ayrton, protestando contra a insegurança do circo. Neste sentido, cronistas europeus consideravam Prost *mais humano* do que Senna. Consideravam Ayrton um homem fora do comum.

O problema é que o homem fora do comum também era de carne e osso. Vivemos num mundo dual. Toda energia tem seu oposto. Positivo, negativo. Claro, escuro. Todo talento é uma energia para a realização. Como tal, apresenta também seu contrapeso. O perigo exatamente criado pelas qualidades do talento. No caso de Áries, o protótipo do poder do impulso, um dos desafios do signo é aprender a equilibrar a tensão com a serenidade do relaxamento. E no caso de Aquário, a era com a qual Ayrton se identificava, um traço marcante é o "impulso de abolir as injustiças no mundo", conforme coloca Louise Huber no livro já mencionado neste texto. O risco é que, tocada por essa influência de Aquário, a pessoa possa "obscurecer sua visão" e ver "somente as injustiças do mundo, que acabam por esmagá-la". O desafio é dominar a tendência oposta, alterá-la, absorvê-la.

Áries é regido pelo elemento fogo. Como ariano, Ayrton foi movido por uma fantástica energia física, corporal, que extravasava no esporte profissional e nos seus esportes de lazer. Sempre de modo inteiro, intenso. Mas também tinha com isso um desgaste vital impressionante. Parece que recebemos da Natureza, quando nascemos, uma carga vital disponível para a vida toda. Se aceleramos o desgaste dessa massa energética reunida à nossa disposição, temos de, em algum momento, diminuir o ritmo, quem sabe mudar o rumo da vida. Equilibrar a intensidade com a tranquilidade. Colocar bastante água — emoção, sentimentos — no fogo.

A autoimagem externa da pessoa, a que ela constrói através do aplauso da sociedade, é apenas uma face da sua realidade total, como indivíduo. Do outro lado existe a imagem interna. Existe um ser interior, mais sutil. Existe o eu que aguarda que o ego realize as funções mais concretas — conquistar espaço no mundo, ter sucesso, ganhar dinheiro — para então pressionar a pessoa a adquirir consciência mais ampla de si própria.

Queiramos ou não, a pressão interna para que descubramos este outro lado de nós próprios cresce brutalmente num certo período da vida. Em geral, na faixa etária entre os 35 e os 40 anos. É a chamada crise da meia-idade, onde o indivíduo é forçado a fazer uma extensa reflexão sobre o que conquistou na vida até então, sobre o que está errado, sobre propósitos e talentos internos que ainda não foram atendidos.

Movemo-nos no mundo acionados por necessidades a serem cumpridas. Nessa faixa etária, normalmente o indivíduo já realizou algumas coisas básicas. Estabeleceu-se profissionalmente, constituiu família, conquistou seu espaço. É aí então que pintam as necessidades adormecidas para adquirir maior consciência de si próprio, vendo-se sob uma perspectiva mais ampla, integrado a tudo o que existe. É o processo que Jung chamou de **individuação**.

Uma das necessidades fundamentais do homem é crescer. Quando a pessoa cresce numa determinada direção, chega um ponto em que ela tende a ficar estagnada, não há mais nada novo a ser feito, porque a lição ali já está cumprida, já atingiu tudo o que tinha direito. Aí surge o contraste, a atração por outros aspectos nossos aos quais não demos atenção, no passado. Queremos então atender a necessidade nova de aperfeiçoar um talento inexplorado. Ou de combinar a possibilidade que surge com outra, que já dominamos no passado. Quando harmonizamos tendências opostas, então, é a glória, porque ficamos mais completos, preenchidos como seres.

Um dos mais importantes contrastes, quando a pessoa já conquistou muita coisa, no mundo material, é a pressão interna que surge para ela reconhecer a sua natureza divina e sua conexão com um processo maior de evolução onde tudo está incluído, especialmente o homem.

Ken Wilber, um dos papas da psicologia transpessoal, a linha que estuda esta ligação do ser humano com o divino, mostra que a evolução psicológica do homem tem o mesmo objetivo da evolução natural dos outros elementos da existência: alcançar níveis cada vez mais refinados de consciência, superiores ao estágio em que se encontrava antes.

Segundo esta perspectiva, nas estruturas profundas do seu ser, o indivíduo contém, desde o começo de sua existência, a intuição de que participa de algo maior, de que Deus existe, de que sua função é trazer esta verdade para o plano da consciência. Mas a busca dessa luz acontece em condições difíceis. Por isso, a evolução psicológica ocorre por etapas. Em cada fase a pessoa avança um bom número de passos, realiza parte da tarefa, mas não completa de uma vez o processo.

A minha sugestão é de que no caso de Senna, um homem que combinava um lado agressivo, corajoso, a outro sensível, generoso, a crise que leva à individuação acelerou-se tremendamente, graças ao mundo veloz que habitava. A velocidade não era só dos carros, mas também de sua mente. A situação ficaria mais delicada, como ficou, pela sua combinação entre força e vulnerabilidade, poderio e fragilidade. Uma personalidade fascinante, exatamente pelo contraste.

Há indícios de que Senna estava se cansando de sua vida espartana de esportista. Parece que antes da temporada de 1994 não se preparou fisicamente tão forte quanto fizera das vezes anteriores. Tinha mais vontade de curtir melhor a vida, usufruir os momentos agradáveis. Deixar de lado o Ayrton brincalhão da intimidade com os amigos, para vestir a roupa do Senna vencedor — mas contraído e supertenso — nas pistas de corridas, estava ficando cada vez mais difícil. Tudo indica que vivia um amor estimulante com Adriane, queria vivenciá-lo mais. Começava a se entusiasmar pelo seu lado empresário.

Se a primeira face da crise era a descoberta das pressões do ser interno, fazendo Ayrton até declarar que gostaria no futuro de aprofundar seu lado religioso, chegando mesmo a se transformar numa espécie de pregador do Evangelho, outra face era essa de curtir mais a vida comum. Eventualmente se casar, ter filhos.

O ser interno de Ayrton, aquela porção mais tímida da psique, à espera de sua vez, manifestava-se fortemente, em busca de espaço. Nas demais pessoas, quando eclode essa crise e não é atendida adequadamente, pode explodir um câncer, um divórcio traumático, uma perda de emprego. Todos nós, em alguma medida, funcionamos durante uma boa parte da vida atuando apenas com a nossa máquina biológica. Aquela que reage aos insultos e aplausos externos e vai se colocar competitivamente no mundo. Mas o ser interno, delicado e sutil, vai cobrar seu lugar ao sol, algum dia. O desafio é ajustar os dois lados, colocando a máquina biológica a serviço do ser interno. Evitar a posição inversa, em que a máquina escraviza a consciência interior, enquanto essa luta para sair à luz.

O grave, para um piloto de Fórmula 1, é que sua máquina biológica interage com uma máquina verdadeira, artificial, que opera sob risco fatal para o homem. Por isso, a meu ver, a porção mais íntima de Ayrton, seu lado mais humano, digamos assim, estava pressionando para tomar seu lugar de comando desde 1992. A luta de Ayrton com sua máquina biológica ganhou uma simbologia evidente e dramática quando se transferiu para a Williams e não conseguia acertar-se com o carro. Sugiro que, na verdade, o ser Ayrton rebelava-se contra a personalidade Senna. Já bastava o que Senna conquistara, era hora de mudar ou alterar o estilo. Era hora de ler os sinais, tranquilizar-se, esperar nascer de dentro a decisão para a nova empreitada. Era hora de harmonizar o Senna com o Ayrton.

Apesar de seu acesso a aspectos sutis da realidade, talvez não tenha conseguido trabalhá-los o suficiente. Talvez não tenha tido tempo para transformar-se como gostaria. Faltou tempo, faltou força, faltou intuição mais apurada ainda. Morreu numa máquina, vitimado por ela própria, cujo pedaço atinge-lhe fatalmente o crânio. Símbolo da outra luta titânica, interna, entre o ser e a máquina biológica humana.

Esta é uma leitura livre, muito pessoal. Válida, mas simples hipótese. Porque no grande desígnio das coisas, na verdade, não sabemos os propósitos maiores nem as razões mais profundas que regem uma vida. Se Ayrton Senna houvesse recuado, abandonando a Fórmula 1, seu ato produziria um tipo de efeito na consciência das pessoas. Sua vida teria outro sentido. Agindo como agiu, o efeito foi outro. E o sentido, para ele, quem sabe qual era? Talvez tenha escolhido mesmo acelerar fundo nesta existência, aprender até a última gota tudo o que fosse possível, qualquer que fosse o preço. Para não precisar repetir a dose. E quem somos nós para julgar?

O escritor pode apenas compartilhar impressões e sentimentos com você, leitor. Daí surge a sintonia, quem sabe nos entendemos. Pela via da mente, pela via do coração, por ambas. Compartilhar outro sonho. Também intrigante. Noite/madrugada de 15 de maio de 1994:

O ano é 1924. O país é a Itália. Por um processo que não consigo explicar, entendo que Ayrton Senna, ou melhor, sua alma, está aqui, encarnada num corredor de automóveis italiano.

Como posso explicar isso, não sei. O que representa, precisamente, tampouco. O fato é que, se existe reencarnação mesmo, conforme muita gente afirma que existe, pode ocorrer de uma alma passar por um ciclo de reencarnações onde há um fio condutor unindo o propósito central e a natureza de todas elas. Em cada uma existe um propósito básico que faz a alma caminhar alguns passos, a serem retomados, ampliados numa próxima vez. E assim por diante, até completar-se o conjunto de aprendizado possível naquele ciclo.

Se é o caso, o fato de Ayrton já ter nascido nesta vida com aquele tamanho apetite para a velocidade, desde menino envolvido com veículos, desde garoto absolutamente seguro do que queria fazer quando crescesse, explica-se. A existência do Ayrton Senna que conhecemos foi, talvez, a culminância de um processo de alma que vinha de há algum tempo.

A morte na Itália tampouco foi desprovida de sentido. Primeiro, para a própria consciência de alma de Ayrton. Se houve uma encarnação anterior por lá, poderia existir uma atração magnética favorável, por algum motivo. Até mesmo uma escolha inconsciente, se considerarmos o que explica um sábio como Don Juan, o mestre de Carlos Castañeda. O estilo arrojado e emotivo de Senna era muito bem-visto pelo italiano, um povo também dado às emoções, que sonhava vê-lo pilotando um Ferrari.

Em segundo lugar, neste prisma de raciocínio, houve também um sentido para sua morte, no que se refere à Fórmula 1 como um todo. A meu ver, foi despertar a consciência do mundo para a componente desumana que existe nessa categoria de automobilismo. Provocar a sensibilidade para mudanças, trazer um toque de humanidade, gerar iniciativas que levem a um grau de segurança maior. A Itália seria um local indicado, devido ao entusiasmo dos italianos pela competição, também ligados numa máquina. E por causa do perfil do povo, mais caloroso, mais propenso a entender esse tipo de recado.

Vamos saber disso um dia com total certeza? Compreenderemos melhor porque o circuito de Ímola foi escolhido para um sacrifício deste porte, ceifando duas vidas, uma delas a de um tricampeão? E num fim de semana tão dramático para a Fórmula 1, com tantos atropelos e problemas depois de vários anos sem fatalidades? Entenderemos a natureza do campo morfogenético que se abateu sobre o circo naquele período, propiciando condições para um desfecho tão trágico? Entenderemos que lição temos de aprender desse episódio?

Torço sinceramente para que sim. Para que os horizontes das mentes humanas se abram, muito rapidamente, nesta Era de Aquário. Para que os instrumentos de conhecimento do homem, incluindo a ciência e a arte, avancem sem demora a níveis mais abrangentes de entendimento. Sem preconceitos baratos.

Enquanto isso, podemos apenas respeitar que Ayrton Senna vivenciou, até às últimas consequências, o roteiro de vida que decidiu queria viver. Realizar o aprendizado duríssimo que completou. Podemos agradecer pelas lições que nos deixou. Pensar uma frase, sentir um sentimento bom, para cima, em prol de sua memória. Prestar mais homenagens.

Visitar a sepultura no cemitério do Morumbi, em São Paulo. Deixar flores, cartões postais de paisagens de momentos sublimes da Natureza. Como os gaúchos que deixaram um pôr do sol do Rio Guaíba, sobre Porto Alegre. E mensagens positivas. Que continuam a chegar. Como estas:

Muita luz e muita paz onde você estiver e que Deus esteja sempre com você.

<u>Família Nicoló</u>.

You will live forever in my heart. (Você viverá para sempre no meu coração).

<u>Maggie Asparac</u>, de Chicago, Estados Unidos.

Deus o quis para correr em outra pista, mas continuará a correr na pista de nossos corações.

<u>Vanilda</u>, <u>Maria</u>, <u>Olívia</u>, <u>Rita</u>, <u>Cida</u>, <u>Loreni</u> e <u>Iraci</u>. Senhoras de Toledo, no Paraná.

Vale visitar com total reverência. Como os japoneses de meia-idade que chegam e, um a um, unem as mãos em gesto respeitoso, murmurando uma prece. Como o senhor de idade, brasileiro, em pé. Em silêncio, as mãos cruzadas batem de leve no peito. Como o rapaz de barba, bem-vestido e de óculos, ajoelhado sobre a grama da sepultura, tocando o chão com as duas mãos, depois fazendo o sinal da cruz. Como a senhora de idade, cabelos brancos, rezando baixinho.

Vale ver a bandeira brasileira, descorada pelo tempo, com assinaturas de gente de todas as partes. A bandeirinha argentina pendurada na arvorezinha ao lado da sepultura, de fãs vizinhos. A carta em alemão, protegida pelo plástico. A frase em italiano. A mensagem tão brasileira, sintética e comovente de *Valeu Senna*. A poesia que, diz Adriane, ele adorava e tinha uma cópia no bolso. **Pegadas na Areia,**[5] que fala de uma caminhada solitária na praia, o autor protegido nos momentos mais angustiantes por uma força amorosa, porém invisível.

Acima de tudo, vale a placa de sentimento tão forte e verdade tão eterna, preparada pela família Senna: **NADA PODE ME SEPARAR DO AMOR DE DEUS.**

Vou ao cemitério e não resisto, tanto tempo depois, ao choro que brota, brando, mas incontido. Afasto-me, sento-me num banco de madeira, próximo a umas árvores. Dali vejo o movimento na sepultura, a mocinha que tira a foto, o casal que coloca o vaso de flores.

Cai-me como um estalo, nesse momento, o lance de que a vida dele foi toda um longo, largo sacrifício. O sacrifício da superação de limites, da disciplina, da concentração, do empenho. Da gradativa autotransformação. Não sei se chegou a ser feliz, realmente. Nem se era o que buscava, na verdade. Talvez não precisasse do que entendemos ser a felicidade, talvez operasse noutro plano de compreensão. Não sei.

O que sei é que nessa tarde de sol brilhante, no cemitério, bate-me no peito um sentimento forte de compaixão. De dor fluída

---

5 A autoria desse poema americano de forte conotação espiritual, que se popularizou internacionalmente, é reivindicada por seis autores ou seus descendentes. O poema inspirou pelo menos uma música nos Estados Unidos e uma novela visual, no Japão.

pela perda da imagem tornada irmão, via a ligação inexplicável que acontecia através dos sonhos, das fotos nos jornais, da cara na televisão, da energia sutil com a qual me conectava. Dói-me imaginar que lhe tenha faltado, talvez, a condição interna para a virada do jogo. Para a transposição do enorme desafio que teve pela frente.

Consola-me a convicção, porém, de que a vida é sábia. Deus escreve certo até por linhas que nos parecem tortas, às vezes. Por isso, faço fé que, para ele, certamente valeu a difícil trajetória de aprendizado que escolheu. Para o Brasil, torço muito, muito mesmo, fervorosamente, para que a vida de Ayrton Senna da Silva não tenha sido em vão.

O legado de um campeão

A leitura psicológica do conflito enfrentado pelo homem Ayrton Senna é apenas um lado da história. É um ângulo de visão, válido em seu âmbito. Mas possivelmente ainda não possamos balancear isso com o outro aspecto, o do herói arquetípico, que se salienta mais, compreendê-lo num todo integrado. Por enquanto, ficamos com as perspectivas parciais, dando tempo ao tempo para o panorama do quadro completo.

O outro lado da questão, tal como ocorreu o desenlace da vida deste herói brasileiro, é que foi gerado um sentimento de nacionalidade há muito tempo esquecido ou talvez jamais vivenciado com tanta intensidade. Mais do que um sentimento dissociado da ação, a morte de Senna contribuiu para a formação energética de um campo mórfico capaz de desencadear forças vencedoras para o país. O terreno propício para essa manifestação foi o esporte.

Curiosamente, o país do futebol rendeu-se ao país dos grandes campeões do automobilismo. O reconhecimento foi instantâneo, puro, genuíno. No dia 4 de maio de 1994, a seleção brasileira de futebol, preparando-se para a Copa do Mundo, joga em Florianópolis contra a Islândia. Ganha de 3 X 0. Quando faz o segundo gol da partida, Zinho lidera a coreografia dos jogadores, simbolizando alguém ao volante de um carro de competição. Esse alguém, claro, era Ayrton Senna, o herói que, todos esperavam, seria o tetracampeão de Fórmula 1 aquele ano.

O tetra não saiu de suas mãos. Saiu de seu exemplo de tenacidade e luta, transferido, como imã, para os craques do futebol. Mal termina a partida decisiva na Copa, os jogadores, noutro gesto comovente, surpreendem com a faixa *Senna . . . Aceleramos Juntos, O Tetra é Nosso!*

Belo exemplo para o mundo! Oportunidade de ouro que os jogadores tiveram e aproveitaram, valendo-se da audiência mundial da Copa, para demonstrar de que este país é capaz! Não me refiro ao sucesso do futebol, em si, mas à humildade e ao coração vibrante para estabelecer um elo de carinho com alguém que já não está no nosso plano de existência. Os jogadores sofreram, amargaram críticas, mereceram a Copa, em que pese as limitações do time. Tinham todo o direito de chamar para eles o momento de glória único, inesquecível. Preferiram, contudo, compartilhar, reconhecer.

Um carinho que era deles, em ressonância com o carinho igual da torcida brasileira durante todo o campeonato, nos Estados Unidos. Nos jogos do Brasil, a torcida exibia faixas como *Senna Está Com Jesus, Adeus Ayrton, Valeu.* Quando desembarca em Brasília de volta da Copa, a delegação vitoriosa traz, nas mãos de Parreira, o capacete de Senna.

O herói do automobilismo torna-se o modelo inspirador para os craques do futebol. A primeira contribuição é o sentimento de patriotismo, que une o grupo como há muito tempo não se via nas seleções brasileiras. Acima de tudo, o desejo da vitória pelo país. Estrelas consagradas, bem-sucedidas nos milionários campos europeus, vêm dar seu esforço em prol de uma causa comum.

Apresentam um sentimento de humildade raro. Mesmo Romário, a estrela maior, assume um comportamento surpreendente, benéfico para o grupo. Contém-se no seu estrelismo, coopera, faz gols, prepara-os para os colegas. Joga para o conjunto. O time entra em campo de mãos dadas todas as partidas. Um bando de marmanjos sem um pingo de vergonha de demonstrar união, orgulho, coesão, num esporte onde impera o machismo. Outro exemplo para o mundo.

A tenacidade, a autoconfiança, a fé diante das adversidades são outros atributos que certamente Ayrton Senna, pelo seu exemplo, ajudou a insuflar na equipe de Parreira. Desde o princípio, Romário diz, ousado, que a Copa será dele e do Brasil. E que os jogadores vão ganhar o campeonato para dar alegria ao povo brasileiro.

Vários deles enfrentam montanhas de obstáculos. Quando ninguém acredita no time, Parreira e Zagalo mantêm uma fé teimosa, resistente. O técnico, além de tudo, exibe uma tolerância e uma serenidade notáveis diante das pressões. Passa pela Copa sem um traço marcante, no rosto, do desgaste que é dirigir um elenco de um esporte sobre o qual toda a população do país sente-se no direito de opinar e no qual toda a imprensa esportiva, provocante e atrevida, sente-se na liberdade de meter o bedelho. Não é fácil.

Taffarel cresce, enfrenta com ação eficiente o estigma de frangueiro, que querem lhe imputar. Está lá firme, o campeonato inteiro e mais ainda na hora dos pênaltis. Dunga, execrado pela crônica esportiva, transforma-se num leão silencioso, cuja resposta única não é a palavra, mas a ação eficaz. Branco, quase imolado como *velho*, não perde o ânimo, vai para o caminho solitário da recuperação física. Quando o time precisa dele, está de volta com a garra, a malícia e o talento que resolvem a parada contra a Holanda. Ricardo Rocha, na reserva por contusão, coloca o espírito de grupo lá em cima, incentiva os companheiros, leva a moral para o alto.

A equipe é de uma união vigorosa até o fim, até o último segundo da Copa. A vitória é suada, porque o time, apesar de ser o melhor do campeonato, não é um exemplo de exuberância futebolística. Mas é humilde. Constrói-se com garra a partir das suas limitações. Treina e aperfeiçoa o que pode, no plano técnico e tático. Desdobra-se no preparo físico e coloca no complemento de tudo o tempero que decide em nosso favor. O tempero da fé imbatível nele próprio, da convocação humilde do apoio sutil, através de rezas, orações. É o modo talvez ingênuo, mas eficaz, que os jogadores entendem essa força superior que se abre para o homem em ocasiões especiais.

O melhor símbolo dessa postura é a hora dos pênaltis, na final com a Itália. O contraste entre o comportamento dos jogadores italianos e os nossos revela porque a balança do destino acaba pendendo para o nosso lado. Quando um italiano vai bater o pênalti, seus colegas estão por ali, espalhados pelo gramado, cada um na sua. Quando é um brasileiro, os demais designados para bater pênaltis permanecem sentados, de mãos dadas, no gramado. Os outros, afastados, torcem em pé, abraçados.

Isso faz a diferença... É a formação de um campo energético da vontade, do desejo de construção de realidades. Isso canaliza forças que se transmutam do plano energético para o plano da matéria, no alcance de objetivos.

Espere. A conversa não é sobre misticismo ou superstição.

O nível da discussão é outro. É a vanguarda do conhecimento científico hoje. Quem estuda fenômenos desse tipo agora é gente muito séria. Aberta, porém. Não mais presa a uma ciência encerrada num paradigma vesgo para certos âmbitos da realidade múltipla que nos envolve.

Questões que focalizam as relações entre a mente, a energia e a matéria são estudadas agora por organizações respeitáveis, como o Centro de Ciências Limítrofes da universidade norte-americana de Temple, na Filadélfia.

Uma das pesquisas mais extraordinárias do Centro, divulgada pela biofísica Beverly Rubik, uma das líderes da instituição, mostra como a mente é capaz de alterar a matéria à distância. Quer dizer, o pensamento tem força potencial para transformar a realidade concreta.

Não é à toa que Parreira mantém um alto astral a competição inteira. Confessa à imprensa, já vitorioso, que praticara durante a Copa técnicas de programação mental. Em certo momento, uma revista comenta que enquanto os demais jogadores saem durante as folgas da Copa, Bebeto fica no seu quarto *mentalizando* os próximos jogos.

Mentalização é a palavra que se usa agora no esporte para fazer referência ao preparo mental dos atletas. Além da dimensão física, técnica e tática, o plano que ninguém mais pode esquecer, se quiser ser campeão de alguma coisa, é o mental. A *ginástica mental*, se preferir entendê-la desta forma. Que Émerson Fittipaldi revelou praticar, para a televisão brasileira, após ter se sagrado campeão da

Fórmula Indy, em 1989. E que tornou pública, de novo, como uma contribuição importante para sua segunda vitória nas 500 Milhas de Indianápolis, quatro anos depois.

Ayrton Senna foi provavelmente o expoente máximo dessa prática, no esporte brasileiro. E Nuno Cobra foi o mentor pioneiro no país, com todos os méritos.

Do esporte, que serve como ponta de lança para a vida cotidiana de todos nós, a prática chegará no futuro a todos os setores da sociedade. Já está chegando agora. Ao ambiente empresarial, aos espaços de trabalho, ao setor educativo. É a espécie humana evoluindo, aprendendo a acrescentar mais um elemento ao seu repertório de possibilidades, aperfeiçoando-se, ganhando um nível superior de domínio. Quem não acompanhar, vai perder o bonde da história.

O perigo de ficar para trás não é só do indivíduo. É de povos inteiros, de nações. Porque a evolução não se dá apenas num setor. É de um conjunto completo em interação, pressionado para se aperfeiçoar. Se aproveitamos a oportunidade, avançamos. Se a perdemos, regredimos. Quando surge uma chance desse tipo, afetando uma população inteira, o recado é claro: está na hora desse povo assumir um papel preponderante, em benefício do seu próprio destino consciente e em exemplo para o mundo.

Os sinais da hora positiva do Brasil estão aparecendo. O despertar do nosso potencial, como povo e nação capaz de contribuir com uma diferença importante para o bem-estar planetário, está, como possibilidade, em nossas mãos. Nesse prisma, a vida de Ayrton Senna não acontece por acaso entre nós. A conquista do tetracampeonato de futebol tampouco ocorre gratuitamente. Os dois fenômenos se dão aqui porque as condições de maturação do nosso potencial estão sendo aquecidas.

O nosso estilo, porém, não precisa seguir cegamente o modelo de ninguém. Não estamos aqui para sermos macacos copiadores de padrões. A existência como um todo é um eterno evoluir criativo. Como tal, nossa função, de brasileiros e de Brasil, não é apenas aprender o que nos falta, procedente dos outros. É pegar as influências e transformá-las, imprimindo a todas as coisas o toque de eficiência e talento que nos diferencia, que abre outras luzes para o mundo.

A meu ver, ocorreu com a seleção de futebol um fenômeno comparável a Ayrton Senna. Introduzimos uma tática de jogo defensiva, inspirada nos europeus, que nos faltava. Trouxemos a experiência de vários de nossos jogadores, aclimatados ao futebol da Europa. Mesmo Parreira já tinha uma importante experiência internacional. Fomos um time quase inexpugnável, na Copa. Mantivemos algo do nosso brilho ofensivo do passado, nas figuras de Romário e Bebeto.

E deixamos livre o espaço para explodir, como dificilmente outra equipe de ponta faria, o gesto de humanidade saudável, bonita, que correu mundo, de Bebeto e seus companheiros. O gesto do bebê embalado nos braços dele, primeiro, uma segunda vez nos braços de Bebeto de novo, de Romário, de Mazinho.

Novamente, no plano simbólico, um belo visual inspirador para o mundo. Jogadores de futebol, um esporte vigoroso, de contato, assumem seu lado terno, de pais. De gente, de seres humanos. Colocam em circulação para o planeta inteiro, graças à cobertura globalizadora da televisão, o estímulo à alegria de viver que está faltando em incontáveis, demasiados cantos desta humanidade sofrida, acinzentada pelos seus próprios erros, pelo distanciamento das coisas básicas da vida, simples, mas gratificantes.

O modelo que os países centrais do planeta seguiram, os que dominam a economia mundial, é apoiado em demasia no paradigma reducionista, mecanicista e materialista. Alcançaram o sucesso material, mas hoje seu povo paga um preço alto pelo amordaçamento forçado de aspectos importantes para o ser humano.

Onde acontece uma terrível incidência de suicídio juvenil? No Japão, modelo de desenvolvimento para muitos. Onde ocorre um horroroso, pavoroso fenômeno de racismo contemporâneo? Na Alemanha, líder econômico de uma Europa poderosa. Onde se manifesta um número alarmante de crimes hediondos, sinal de que a psique coletiva está doente? Nos Estados Unidos, suprassumo do modelo econômico materialista.

Ora, não precisamos de nenhuma dessas escolas. A alma do Brasil é outra. Claro, necessitamos desenvolver qualidades que ainda não temos, *inspirados* parcialmente por eles. Mas temos o dever de deixar evoluir o nosso talento natural, dando nosso toque ao que recebemos.

Não se trata, tampouco, de alimentar um sentimento nacionalista exacerbado. Não, por favor. Nenhum sentimento de superioridade. E nem de inferioridade. Quando critico europeus, norte-americanos e asiáticos, faço isso apenas para relativizar as coisas, para mostrar que, no frigir dos ovos, nem tanto ao céu nem tanto ao mar. Também temos o nosso valor.

Não há por que, porém, gerarmos um sentimento de ufanismo gratuito. Pelo contrário, outra força do Brasil e do brasileiro é a capacidade de perdoar e aceitar. Somos todos navegantes da mesma nave. A lição deste momento histórico é a da interdependência.

Não existem povos superiores, nem inferiores. Todos somos úteis e importantes na grande dança cósmica da evolução. O que temos é de aprender a nos relacionar pela troca amistosa, jamais pela violência.

No avanço evolutivo, porém, há momentos históricos em que certos povos e nações assumem o predomínio para o mundo como forma de marcar a tendência necessária de um período. A passagem de Ayrton Senna pela nossa vida e o estilo da vitória na Copa, a meu ver, ilustram publicamente que nossa vez, como oportunidade e desafio, está chegando. O conhecimento mais amplo dessa transição para um potencial emergente exige um ângulo complementar de compreensão, porém. Venha comigo.

Na década de 1970, o cientista independente James Lovelock, que trabalhava então para a Nasa — a agência espacial dos Estados Unidos —, e a bióloga Lynn Margulis, desenvolveram um revolucionário estudo científico, propondo que o planeta Terra é um organismo vivo. Nessa perspectiva, posteriormente conhecida como Teoria Gaia, as espécies vivas e o meio ambiente respectivo de cada uma estão intimamente entrelaçados. Mais do que isto, evoluem juntas, impulsionadas pelo princípio básico de que o propósito de tudo o que existe é alcançar dinamicamente estágios mais avançados de organização. Um processo contínuo. Quando certo nível de desenvolvimento é atingido, parte-se para outro, mais complexo.

Sendo um corpo vivo, a Terra está em evolução. Isto é, transformando-se para níveis mais avançados de organização, assim como tudo que existe dentro dela. Das rochas ao ser humano. Para evoluir, o organismo precisa de um certo propósito, direção e capacidade de organização dos elementos que o constituem. Em outras palavras, precisa de uma certa forma de inteligência.

A Terra, segundo essa Teoria, desencadeia processos que o mantêm vivo. Por exemplo, os processos bioquímicos que regulam a temperatura planetária, para permitir a vida biológica sobre a crosta terrestre. A vida humana, inclusive. Assim, quando há muita seca numa região do globo, noutra parte chove muito, para compensar.

Essa inteligência, para acrescentar outro conceito importante, funciona adequadamente porque constitui, em si, uma espécie de mente. Conforme coloca o físico teórico Fritjof Capra em seu livro **O Ponto de Mutação** — Editora Cultrix —, existem níveis hierárquicos de mentes, organizados em diferentes estruturas. Cada um opera no seu âmbito próprio, mas ao mesmo tempo relaciona-se com níveis inferiores e superiores. Por exemplo, existe a mente a nível celular dos organismos, assim como a mente da pessoa humana. Esta, por sua vez, relaciona-se com a mente social, coletiva. A seu turno, a coletiva tem a ver com a mente ecológica, de sistemas ambientais inteiros. Tudo isso se relaciona à mente planetária, de Gaia, ou da Terra. A mente de Gaia, em consequência, está ligada, supõe-se, à mente cósmica, universal. Tudo funciona em interdependência, muito bem interligado um nível a outro.

A humanidade é parte importante desse processo de evolução da Terra porque, conforme coloca o pensador inglês Peter Russell, em seu livro **O Despertar da Terra** — Editora Cultrix —, a tendência é crescer uma cooperação *consciente* entre o homem e a mente planetária nessa caminhada. A humanidade se constitui em elemento vital do que seria, digamos, o sistema nervoso do planeta. Como a ampliação da consciência humana, neste caso, tem de atingir proporções coletivas, de tempos em tempos podem ocorrer processos gigantescos em regiões privilegiadas do planeta, envolvendo pessoas muito especiais, para romper com padrões obsoletos de percepção, causar um choque, provocar um estímulo para o despertar coletivo numa direção mais avançada. Esses processos se tornariam cada vez mais acelerados e evidentes agora, na Era de Aquário.

Está antecipando como podemos entender o fenômeno Ayrton Senna e a posição do Brasil nessa história? Vamos chegar lá. Mas ainda falta entender uma outra coisa.

O que falta compreender, para completar o quadro, não vem da ciência ocidental, mas de um outro ramo do conhecimento humano, que é o budismo tibetano. Não deixa de ser também uma ciência, só que tem bases diferentes das nossas.

Sendo um organismo vivo, interligado ao cosmos inteiro, diz o budismo tibetano que o planeta troca energias com o universo. De certa forma, é como se respirasse e expirasse, através de duas conformações geográficas que funcionam, à semelhança do corpo humano, como gigantescas narinas. Uma é a cadeia do Himalaia, na Ásia. Outra é a cordilheira dos Andes, aqui na América do Sul. Assim como as narinas humanas alternam-se entre si nas suas funções, ora atuando no processo respiratório, ora descansando, o mesmo aconteceria com as duas cadeias montanhosas, na sua atividade de *narinas* do planeta. O período de ação de cada cordilheira duraria dois mil anos, por dois mil de descanso.

Segundo essa corrente, o Himalaia entrou em descanso há pouco menos de 30 anos atrás, cedendo a vez aos Andes. Como resultado, toda a América Latina poderá viver agora um período longo de maior consciência multidimensional, abrindo espaço para a prosperidade e harmonia de seus povos. A transição, porém, não foi fácil, exigindo uma complexa intervenção humana, de pessoas muito versadas nesse tema. E o processo, na verdade, mal começou.

O episódio dramático dessa virada, que me faz pensar muito no papel de Ayrton Senna para o despertar do Brasil, aconteceu no México em 1968. Na visão tibetana, o despertar dos Andes não poderia acontecer diretamente, porque era necessário ser ativado um fluxo energético sutil do planeta, que percorre as Américas do norte para o sul.

Os budistas vão mais longe do que os cientistas, dizendo que a Terra não é apenas um corpo físico vivo, mas que também possui corpos sutis, entrelaçados com sua componente material. Assim como na medicina tradicional chinesa, e na acupuntura, em que o corpo humano é visto como dotado de meridianos por onde circula uma energia vital subjetiva, a Terra também seria constituída por circuitos de circulação de sua energia vital. O despertar de áreas do planeta significa também ativar esses circuitos energéticos subjacentes. Em determinados pontos, os circuitos concentram-se, formando os chamados chacras planetários. À semelhança do que a tradição oriental diz sobre o corpo humano: que possui chacras.

A ativação desses pontos energéticos requer a intervenção humana. É a atenção e a vontade consciente do ser humano, lançando seu reconhecimento à existência viva desses chacras, que os faz despertar. Em consequência, os pontos, passando a fluir energeticamente, alimentam uma série de capacidades humanas, como a clareza mental, a criatividade, a determinação, para atingir objetivos que sejam benéficos para o indivíduo, para a coletividade, para o planeta mesmo.

No caso do México, a pessoa que atuou como catalisadora desse processo foi uma moça extraordinária, identificada historicamente apenas pelo nome de Regina. Mexicana, foi educada no Tibete e na China pela tradição budista tibetana. Sua missão de vida, de acordo com essa perspectiva, foi primeiro despertar a consciência do povo mexicano para essa visão multidimensional da realidade. Em seguida, com a participação de milhares de pessoas, foi despertar os dois vulcões localizados próximos à Cidade do México. O Popocatépetl e o Iztaccíhuatl teriam função primordial para liberar o canal energético que desce do norte, sem cuja ativação os Andes não poderiam entrar em ação.

Na tradição indígena mexicana, quatro culturas haviam preservado conhecimentos muito antigos sobre o tema, que a colonização de origem europeia não havia destruído. As culturas maia, náhuatl, zapoteca e olmeca foram reativadas por Regina, transformando-se no centro nevrálgico do movimento que ela lançou, em 1968, para cumprir sua missão.

O ritual que montou, para realizar a tarefa, consistiu primeiro em duas gigantescas cerimônias públicas na capital mexicana. A primeira reuniu 600 mil pessoas em frente à Catedral Metropolitana. A segunda congregou 700 mil pessoas numa Manifestação de Silêncio.

Depois disso, Regina, que tinha apenas 20 anos de idade, constatou que o despertar dos vulcões tinha sido apenas parcialmente bem-sucedido. E que então seria necessário um último, desesperado ato, que envolvia o sacrifício humano voluntário.

Ao descobrir essa história no México, lendo o livro **Regina —** Editorial Jus —, de Antonio Velasco Piña, um pacato advogado aposentado, sobrevivente de todo o episódio, fico chocado com essa coisa do sacrifício. Mas a história mexicana, do tempo dos astecas, registra casos em que seres humanos se entregam ao sacrifício em prol de uma causa coletiva, grandiosa. Confesso que não compreendo o fenômeno, tenho uma rejeição instintiva à ideia de que seres humanos psicologicamente sadios coloquem-se conscientemente em processos dessa espécie.

Como jornalista, porém, não posso deixar de registrar o episódio. Talvez algum dia o compreenda, ou possa ser útil à compreensão de quem lê este texto. Por outro lado, remete à questão do sacrifício, conforme conhecemos na figura de Cristo e das tragédias gregas.

O fato é que na época havia uma movimentação estudantil enorme no México, os jovens rebelando-se, em greve, contra a ditadura disfarçada que comandava aquele país, soterrando as liberdades democráticas. Regina, que em paralelo à agitação, fazia seu movimento, foi confundida pelo governo como líder dos estudantes. O México estava às vésperas dos Jogos Olímpicos, que se realizariam lá em outubro de 1968. O governo queria passar ao mundo uma imagem de nação moderna. Portanto, planejou sufocar a revolta estudantil, eliminando o foco central, que entendia ser Regina e seus seguidores. A moça, sabendo disso, preparou uma cerimônia pública para a noite de 2 de outubro, perfeitamente ciente de que o governo não hesitaria em chaciná-los, consumando assim o sacrifício que julgava necessário.

Na versão de Velasco Piña, só participariam seguidores absolutamente voluntários, que estivessem preparados por critérios de compreensão profunda das razões cósmicas do sacrifício e com atitude limpa de perdão pelos algozes, em seus corações. Os candidatos eram rigorosamente escrutinados por ela. Muitos rejeitados. Velasco Piña foi um deles. Ela dizia que ele não tinha vocação para mártir, que seria poupado porque sua missão era contar a história. "Você vai ser a Testemunha", disse-lhe a primeira vez que o viu, no começo do movimento.

De fato, Regina mais 400 seguidores foram massacrados, enquanto realizavam a cerimônia pública, por tropas do Exército e da polícia, na Praça das Três Culturas, um local da região de Tlatelolco, na capital mexicana. Na confusão, inúmeras outras pessoas também foram assassinadas. As tropas invadiram o edifício Chihuahua, ao lado da Praça, onde estava um dos comandos de greve. Por mais que o governo tentasse esconder o episódio, sumindo com os corpos, censurando a imprensa local, a proximidade das Olimpíadas, que começariam dia 12, já atraíra muitos jornalistas estrangeiros. Vários estavam no Chihuahua, botaram a boca no trombone para o mundo inteiro. Uma delas foi a jornalista italiana Oriana Fallaci, que colaborava com a revista brasileira **Realidade** e chegou a produzir uma reportagem sobre o que entendeu do massacre escandaloso.

O resultado é que o México viveu a partir dali uma democratização gradativa e uma limpeza parcial da vida pública que lembram tanto o *diretas já* posterior do Brasil quanto a corrente em favor da moralização na política que aconteceu na primeira metade da década de 1990. Mais importante, nasceu um orgulho nacional fabuloso, o mexicano despertando-se para o valor das suas tradições e da sua cultura indígena.

Não é à toa que o México foi o primeiro país da América Latina a quase sair do buraco econômico em que todos nos metemos nos anos 1970, arrancando para a modernização antes dos demais países da região. Nem é gratuito que seja um local para onde voam antropólogos, sociólogos, ocultistas e místicos de todas as partes do mundo, em busca das sabedorias que as tradições indígenas mexicanas agora abrem para a cultura ocidental. O episódio da quebra econômica recente é um caso a ser visto como que se resolve no futuro. Também alerta que uma abertura de consciência é apenas isso, uma abertura. Exige, para consolidar-se, um trabalho de continuidade de todo um povo, de conscientização gradativa de milhares, milhões de pessoas.

Sincronia entre Regina e Ayrton, entre o despertar do México e o do Brasil? Regina nasce em 21 de março de 1948. Ayrton em 21 de março de 1960. Depois de Regina, o México viveu a arrancada econômica e emocional que teve. O Brasil em 1994, depois da morte de Senna, não só foi campeão de futebol, do basquete feminino e da corrida internacional de São Silvestre, no último dia do ano, como acertou melhor o passo em vários setores. Controlou a inflação, parece ter sabido votar melhor. A economia informal cresceu, cidadãos criativos e produtivos driblando a burocracia estatal. Gente de bem fez muita coisa bonita, com destaque para a campanha de Betinho contra a fome. Claro, tivemos muita coisa ruim, mas o que nos salva é a alma potencialmente criativa, alegre, sensível do nosso povo. A evolução é assim mesmo. As forças da destruição vão limpando o terreno e tentando impedir a caminhada, enquanto os conscientes e os de bem com a vida trabalham lançando sementes no terreno que têm, pequeno ou grande.

Que fiquem claras, porém, duas coisas, antes de mais nada. Não estou insinuando que o avanço aqui se deve a Senna, nem que a caminhada lá se deve a Regina. Estou passando o recado de que movimentos grandiosos estão ocorrendo, lá e aqui, e que duas figuras extraordinárias foram participantes ativas de um processo de despertar. Com ou sem elas aconteceriam, porque a evolução transcende o indivíduo. Agora, essas figuras especiais, cada uma a seu modo, no contexto específico que escolheram, contribuíram em muito para o processo se acelerar. Fizeram seu papel, apareceram em público, enquanto milhares, milhões de outras pessoas, na surdina talvez, estão quietamente realizando as suas tarefas do despertar coletivo. Porque a missão é geral. Não estamos mais na era dos salvadores messiânicos, que resolvem tudo por nós, enquanto ficamos de braços cruzados. Acabou. Ou vamos juntos para frente e para o alto, com consciência, ou afundamos todos juntos na tragédia da civilização humana inconsciente, se não dermos o salto que precisamos dar.

Longe de eu também insinuar que o episódio de Ayrton Senna tem a mesma grandeza do que o ocorrido no México com Regina. Quero apenas enfatizar que situações e pessoas especiais acontecem em momentos decisivos para despertar um povo. Senna não demonstrou estar preparado de um modo avançado como Regina, sob um certo aspecto. A existência é altamente criativa, porém, cada condição tem seu contorno próprio, apropriado. Portanto, à semelhança de Regina no México, sua vida e sua morte lançaram o brasileiro de volta ao Brasil, ao reconhecimento de que temos um compromisso de evolução individual e coletiva aqui, entre nós e junto com este país. Neste momento histórico em que cada vez mais movimentos espontâneos em países da América Latina realçam o valor de suas culturas tradicionais, dentro de uma recuperação da consciência ecológica e da consciência espiritual.

No Chile, por exemplo, a jornalista Malu Sierra empenha-se a escrever livros — como **Donde Todo Es Altar**, da Editorial Persona — que reverenciam a importância de culturas indígenas sul-americanas, como a aimará e a mapuche, para o homem moderno aprender a tratar a Natureza com consciência.

A questão do abraçar a árvore e contemplá-la, que Nuno Cobra empregava no treinamento de Ayrton Senna, é mais importante do que se imagina. Quando você dá atenção a uma planta deste modo, reconhecendo sua existência, até conversando com ela, como nossas avós fazem, há uma troca importante entre o ser humano e o vegetal. Lembre-se, no fundo, somos todos navegantes do mesmo oceano de consciência. Quando você contempla uma árvore, está reconhecendo a fração do Divino que existe nela. Há um nível de inteligência na planta, que aprendemos a contatar. Percebendo-se reconhecida, a planta retribui, porque um princípio universal na existência é a generosidade.

No caso da árvore, o retorno é uma transferência de energia sutil, entre a planta e o ser humano, que é sensível, palpável. Se você abraça uma árvore com intenção sincera de reconhecer que aquele ser vegetal é uma maravilha da Natureza criada pela sabedoria da evolução biológica, sai do abraço sentindo-se mais leve, descansado. Experimente, com sinceridade. Deixe de lado seu senso crítico. Ponha à prova.

Exercícios como esse transformam a ecologia numa coisa viva, não apenas em um conhecimento teórico. Se você ganha essa consciência real, pela prática, certamente transforma-se em alguém que não vai ferir a Natureza, passando a defendê-la espontaneamente porque entende a interdependência vital entre o meio-ambiente e o homem. Somos todos partes de uma única realidade, de fato. Mas o espaço que ocupamos para esse grande aprendizado de cooperação evolutiva é aqui e agora. Já.

"Dentro de uma linha de despertar da América, que vem dessa história de Regina e do México, chegou a vez do Brasil começar e isso tem a ver com o Senna", comenta a médica Cynthia Almeida. Segue:

— Cada vez que terminava a corrida, pegava a bandeira do Brasil como uma coisa importante, mesmo. Sempre fez e todo o mundo sempre o viu fazendo. Enquanto muitos de nós, brasileiros, tínhamos vontade de esconder que somos brasileiros, ele fazia isso com orgulho. Tinha uma conotação de que ele fazia alguma coisa pelo Brasil. E de que está na hora de a gente fazer a nossa parte. Paralelamente a isso, aqui no nosso grupo de estudos, a gente estava tentando descobrir qual é a real tradição brasileira, nesse tema do despertar da consciência. As coisas são muito sincrônicas, mesmo. Fomos aos Estados Unidos, fomos ao México, regressamos às vésperas da morte de Senna. E descobrimos que é <u>aqui que</u> nós temos de trabalhar. É <u>aqui</u> que nós temos de achar a tradição, não em nenhum outro lugar.

Carlos José Morais Dias, o bancário, acrescenta:

— Tenho pensado muito, com a morte do Senna. Quando eu morrer, o que vai ficar de mim? Que parte da minha história? Isso é uma coisa que está sendo superbonita e que vem dele. O que a gente percebe é que ele viveu uma parte da história, mas não completou essa história. Deixou para que outros a venham complementar. O que faltou, que ele não fez, e que nós podemos fazer agora, seja individualmente, seja enquanto povo, nação. Não tenho muito claro o meu papel individual dentro disso daí. Mas tenho clareza enquanto parte de um povo. A garra que ele deixou é um exemplo. Não dá mais para ficar deitado em berço esplêndido, achando que as coisas vão acontecer. Ele mostra exatamente o contrário. Quando você quer alguma coisa, tem que ir atrás. Botar tudo de você dentro daquilo lá, porque aí você chega realmente aonde quer chegar.

Este é um dos legados de Senna, certamente. Mostrar o quanto se deve planejar, investir e trabalhar para alcançar objetivos previamente estabelecidos com consciência. "A gente tinha uma intuição de que o Senna era especial e agora estamos conhecendo uma série de características que mostram realmente o processo de consciência que o levou a ser o que ele era", comenta Maria Terezinha Bernardino Bessa, assistente social. "É superimportante que a população do Brasil tenha acesso a essa informação, porque daí o jovem, principalmente, assimila o sentido da dedicação, da perseverança, de tudo que ele teve para ser o herói que foi. Isso o diferencia de outros ídolos que há por aí e que nem apresentam aspectos positivos".

A receita para ampliar o interesse dos jovens?

A psicóloga Suely Zasnicoff e sua colega Sueli Passerini concordam com a mesma fórmula: o ideal é produzir-se uma biografia romanceada de Ayrton Senna, que mergulhe nas entranhas da pessoa, não do corredor. A figura de Senna já ocupa o status de mito, servindo potencialmente de símbolo até para as futuras gerações, que não o conheceram. O jovem do futuro, que seguirá o padrão de aprender espelhando-se pela vida dos outros, terá um excelente modelo em Senna, se a vida do herói for biografada de maneira inteligente, aproveitando-se de imagens simbólicas fortes.

É isto. Ayrton Senna talvez tenha escolhido, no nível misterioso em que as existências humanas são organizadas para acontecer, ser um símbolo para o Brasil. Decidiu correr o risco de participar de um resgate de consciência. Talvez tenha cumprido a missão dele, pessoa, integralmente. Talvez a tenha cumprido apenas parcialmente.

Fez parte da história do Brasil num momento muito especial, em que condições começam a ocorrer de maneira favorável para o despertar do nosso propósito coletivo. Há o que aprender com Ayrton, introduzindo-se qualidades nas nossas ações que normalmente nos faltam. Há que considerar o ponto da virada onde talvez ele pudesse ter parado, mudado o jogo e não conseguiu.

A integração entre o aspecto externo, do ego inserido no mundo, e o ser interior da pessoa humana é possível. Temos exemplos na história que revelam essa possibilidade. Senna caminhou até o ponto em que demonstrou a capacidade que temos para nos transformar espetacularmente, tanto nas metas mundanas, como igualmente nas importantes metas da existência. Sugeriu que também podemos crescer nas instâncias mais sutis, embora ele próprio talvez não tenha podido compartilhar mais desse território conosco. Tudo bem, peguemos a contribuição de um São Francisco de Assis, que falava com os pássaros, de um Leonardo da Vinci, com talentos em mil áreas, de um Tom Jobim, suave e sensível na sua recriação amorosa e poética do mundo.

A transformação do Brasil para melhor, espera-se, está começando. A mudança do planeta inteiro, rumo a um período histórico de harmonia, paz, compreensão entre os povos, cooperação consciente entre homem e Natureza está por vir. Mas cabe a nós, como cocriadores da realidade que queremos, construí-la com consciência, com a autotransformação individual, de povo e humanidade, que exige responsabilidade, empenho, compromisso.

Você e eu, todos nós merecemos o melhor. O Brasil merece o melhor. O planeta merece o melhor.

Estamos dispostos a moldar essa realidade próspera e consciente, integrando-nos de vontade aberta ao fluxo de evolução da existência? Se estamos, a primeira tarefa é estabelecer uma visão que nos guie. Peter Russell coloca o desafio muito claro em seu livro:

— A imagem que uma sociedade tem de si mesma pode desempenhar um papel crucial na maneira como ela molda o seu futuro. Se preenchermos nossa mente com imagens de desalento e destruição, então provavelmente essa será a direção em que caminharemos. Inversamente, atitudes mais otimistas podem efetivamente ajudar a promover um mundo melhor. Uma visão positiva é como a luz no final do túnel que, ainda que tênue, nos dá força para caminharmos em sua direção.

Qual é o futuro que você deseja? Consciente e harmônico ou levado pelas trevas da miopia humana? Qual é o Brasil que você imagina? À altura do seu potencial digno, ou engolido pela cômoda afirmação de que o caso está perdido? Qual é a sua realidade pessoal que você sonha? Próspera e compartilhadora do bem-estar comum ou egocêntrica e mesquinha?

Você escolhe. Nós todos escolhemos. Não existe o destino gratuito que se abate, para o bem ou para o mal, sobre nossas cabeças. No estágio evolutivo em que se encontra o planeta, nós somos corresponsáveis pelo nosso destino.

Se você quer a acomodação, a escolha também é sua. Tudo bem. Os frutos virão, mesmo que não mova uma palha. Poderão ser amargos.

Senna neste quadro?

Gostando de imaginar que a consciência divina que habitou entre nós com o nome de Ayrton Senna da Silva está fluindo em algum lugar da existência, nos oceanos do grande mistério do Criador. Deixe-a em paz. Guarde apenas a memória carinhosa do refrão inesquecível. O nosso grito amoroso de guerra. **Olê, Olê, Olê, Olá, Senná, Senná**. Uma lembrança para cima, alto astral no seu coração.

Somos todos divinos. Só que estamos ainda descobrindo isso. Portanto, podemos saber que quem esteve entre nós, enroupado de corredor de Fórmula 1, foi uma luz muito, muito especial. Que nos deu o recado que pôde, nos inspirou no que lhe competiu viver. E se foi, muito rápido.

Continuamos aqui. Por enquanto. Um tempo. Esperemos que seja longo, produtivo. Que tenhamos a coragem de cocriar juntos a realidade saudável que podemos. Aqui, já, agora. Brasil, Gaia, mundo. Você, eu, todos nós. Como seres humanos. Como cidadãos e cidadãs. E como crianças em evolução do Universo.

2005

A chama que não se apaga

Í mola, 2005. Início do verão europeu. 21 de junho, terça-feira. Um dia claro, particularmente quente, cerca de 30 graus centígrados.

Desembarco na estação da cidade, vindo de trem de Bolonha. Daqui ao Autódromo Enzo e Dino Ferrari é quase uma linha reta. Uns dois quilômetros a pé sob o sol de duas horas da tarde, amenizado primeiro pelas sombras dos prédios do centro histórico e depois pelas copas generosas das árvores na Viale Dante Alighieri. Uma via pública sossegada de uma área residencial agradabilíssima, velhos caminhando com toda calma ou pedalando bicicletas sem pressa alguma. Sentados num banco do caminho, amigos jogam conversa fora.

Olhando o mapa, você vê o destaque espacial que o autódromo tem na geografia da cidade. Ímola é pequena, 66 mil habitantes. Nada se sobressai na paisagem pelo tamanho, exceto o autódromo, com a pista de 4.933 metros de comprimento e nove de largura, serpenteando por uma bela área verde. O formato do circuito, no mapa, lembra-me um pato em repouso, as patas recolhidas sob o abdômen.

No miolo do circuito encontra-se um parque público, o Parco Acque Minerale. Trilhas percorrem o parque e para chegar a ele, vindo pela Dante Alighieri, o visitante passa sob a pista, que naquele trecho tem um pequeno pontilhão.

Chegando do centro da cidade, primeiro você atravessa o Rio Santerno, um fio de água estreito, neste ponto. Faço isto, cruzo sob a pista, mais adiante. Pergunto a um sujeito de meia-idade, que está por ali fazendo sua caminhada, como chegar à estátua de Ayrton Senna. Em abril de 2004, a cidade inaugurou um monumento de bronze em homenagem a Ayrton, encomendado ao artista local Stefano Pierotti. A estátua foi erigida dentro do parque, num setor vizinho à fatídica Curva Tamburello.

Caminho na direção apontada, por entre árvores, ouvindo a algazarra de um bando de crianças e algumas professoras, um pouco à distância, após o campo de futebol, na área de *playground*. Bem mais próximos a mim, num banco da trilha, um garoto e uma menina adolescentes manuseiam um livro, escrevem num caderno aberto, trocam frases entre risadas animadas.

E então o encontro. Na parte superior, o monumento mostra um Ayrton Senna sentado, pensativo, como se olhasse para um ponto vazio não identificável. Na parte inferior, numa das laterais, o piloto é reproduzido de pé, de costas, o capacete pendurado por uma das mãos, como se caminhasse rumo ao infinito.

Em torno, no chão, a surpresa. Um buquê de flores amarelas aqui, ressequidas um pouco pela falta de água, outro buquê ali, tombado por um vento mais forte. E exatamente ao pé da estátua, a carta. Escrita em computador, as folhas impressas grampeadas a um invólucro de plástico, que a protege das intempéries. A água da chuva e o tempo já fizeram estragos. Frases incompletas, letras esmaecidas. A carta está em italiano. Muito da sua essência se pode captar, se o leitor tem paciência e vai costurando com o olhar os trechos que formam um sentido:

Caro Ayrton,

Tu és de luz radiante, capaz de iluminar qualquer ambiente... Sentimos tanto a tua falta, mas tenho a luz do teu sorriso para iluminar a minha vida e dar-me felicidade...nos teus olhos se encontra toda a verdade do mundo ... não posso, não quero esquecer-te, um homem tão especial como tu, Ayrton. Que seja eternamente feliz.
Isabella.

A uns cinco metros da estátua está o alambrado que separa a pista do parque, na altura da Tamburello. Também aqui há artefatos de emoção, frases explícitas ou símbolos discretos que gritam em silêncio o sentido da vida de um ídolo. Um buquê pendurado e preso por adesivo, a palavra *Paz* afixada a um plástico protetor. Uma pequena bandeira brasileira que já perdeu as cores, agora quase toda branca. E uma outra carta, também em italiano, destacando um episódio muito particular:

Ayrton em 93 (se me recordo bem) ... um rapaz de Bolonha, seu fã, caiu da motocicleta...na pressa de ir vê-lo... entrou em coma profundo...e você foi visitá-lo em segredo...e o exortava a não desistir, a lutar pela vida e lhe falava com doçura infinita...penso que Ayrton era e é extraordinário e insuperável como piloto e como ser humano. AYRTON SEMPRE.

Patty.

Fico ali uns minutos, contemplativo, buscando apreender a manifestação das pessoas. Não esperava encontrar as flores e as cartas, nem na estátua nem no alambrado da Tamburello. Tanto tempo depois... não imaginava que os fãs continuassem a manifestar apreço. Surpreende-me também que isto me comove. Faço uma oração pela alma de Ayrton, outra pela família Senna e uma terceira em especial por Viviane, a irmã, que está liderando o trabalho social do Instituto Ayrton Senna.

Na pista, três carros da Porsche Driving School repetem várias vezes uma mesma manobra. Aceleram desde o ponto de largada, freiam e fazem a Tamburello — a primeira das curvas —, avançam um pouco mais e depois retornam em marcha lenta no sentido inverso. O instrutor e um motorista conversam em cada veículo, as vozes cortando o ar no autódromo quase vazio.

Partem frente à Tribuna Ayrton Senna, em cuja entrada há uma foto em tamanho gigante do piloto, tirada na manhã de primeiro de maio de 1994, ali mesmo nos boxes de Ímola, pelo fotógrafo local Giampreto Sanna. Ayrton está de pé, trajando o macacão azul e branco da Williams, acenando com a mão direita, sem sorriso, um tchau que se transformaria em adeus.

Vejo do outro lado da pista, pendurados no alambrado, no ponto exato em que se encontra a Tamburello, outros objetos de homenagem. Vou até lá. Tenho que sair do parque, passar de novo sob a pista e depois, margeando o Rio Santerno, devo subir um pequeno trecho íngreme para chegar ao alambrado da parte externa do circuito.

Vou saindo e então as crianças da escola estão também de saída, guiadas pelas professoras que portando bandeirolas vermelhas organizam a alegre bagunça, formando filas paralelas. Falam alto, riem muito. Mesclo-me a elas, meio sem jeito. Tentando manter-se quatro ou cinco passos adiante do grupo que avança, um provável pai orgulhoso busca registrar em vídeo, câmera na mão, o momento especial de um filho seu.

As crianças dirigem-se para a ponte sobre o rio, em frente e à direita da saída do parque. Separo-me delas, vou para a esquerda.

Preciso alavancar-me nos troncos e galhos das árvores para chegar até ao alto, no alambrado da Tamburello. São duas camadas paralelas de alambrados. As pessoas devem saltar a primeira linha do alambrado ou convencer algum guarda a entrar entre as duas para, na segunda, a que está imediatamente ao lado da pista, afixar sua homenagem. Um esforço que só um fã determinado tem motivação para fazer.

E muitos fazem, mais até do que na estátua, cujo acesso, ao contrário deste barranco, é fácil. Deixam suas homenagens. Flores. Uma inusitada colagem aplicada sobre a bandeira vermelha da Ferrari, com a foto de Senna em capacete mesclando-se com a bandeira do Brasil. Uma bandeira russa nas listras horizontais em branco, azul e vermelho. Uma pequena bandeira suíça vermelha com a clássica cruz branca no centro. Uma foto reproduzindo o epitáfio no túmulo do cemitério do Morumbi, em São Paulo.

Christoph Mechthirtel, que se identifica como alemão, deixa uma colagem com uma foto de Ayrton e de seu colega de Fórmula

1 Gerhard Berger, cercada de várias reportagens de jornais brasileiros sobre Senna. Escreve uma dedicatória, em italiano:

A Ayrton Senna da Silva
Que nos presenteou a todos com emoções belíssimas, permanecendo para sempre nos nossos corações. Ciao, Ayrton.

E novas cartas. De brasileiros e estrangeiros. Uma delas, também em italiano, de missivista cujo nome já não se pode mais distinguir:

Tu és meu ponto de referência. Continuarás sempre a ser meu modelo de vida.

Sinto a homenagem popular comovente, genuína, espontânea em sua improvisação de formas, revelando o carinho que cidadãos de outras nações, que não o Brasil, também têm pela figura de Ayrton. Reconheço, por outro lado, o valor da homenagem oficial. É bonito o gesto da cidade de Ímola, encomendando uma estátua a Stefano Pierotti. Mas penso que o artista não foi feliz na concepção.

O Ayrton que vemos ali tem semblante derrotado, depressivo. Está com o corpo curvado, minúsculo, parecendo um adolescente franzino e não o atleta energético em que se tornou. Não tem a postura de guerreiro audaz que sempre foi sua marca. Não tem o ar vencedor de campeão. A ideia era representar uma cena em que o piloto estivesse analisando os dados telemétricos do desempenho de seu carro, sei disto. Mas o resultado, em face do término trágico de sua vida, é ruim. Transmite uma carga de pesar lamuriante.

Ayrton representa para todos os fãs de Ímola — e para os fãs espalhados pelo mundo — o vencedor por excelência, mesmo nos momentos de aparente derrota. Essa é a imagem arquetípica que todos viam representada no piloto brasileiro. Tirava de cada tropeço uma lição, de cada frustração um impulso para superar-se, de cada obstáculo uma estratégia para dominar as circunstâncias. A vitória não lhe era um simples fato isolado, mas sim o resultado de um processo no qual se empenhava com visão de largo prazo e determinação ferrenha construído dia após dia. Horizonte vasto e atenção minuciosa aos detalhes combinavam-se em busca da perfeição.

Por isso, o saldo final da estátua de Pierotti parece-me involuntariamente injusto. Ayrton não foi aquela figura sorumbática que saiu das mãos de um artista possivelmente de boa vontade, mas talvez sem condições, naquele momento, para captar a mesma aura genuína que o povo vê e expressa.

O que a homenagem popular de Ímola revela, a meu ver, é que a figura de Ayrton Senna, para muita gente, ultrapassou o âmbito esportivo. É lembrado como o grande campeão que foi, naturalmente, mas suas qualidades, de tão marcantes, são transportadas para outros ambientes, tornando o piloto um modelo inspirador para a vida.

Os valores que representa — motivação, dedicação, determinação, disciplina, domínio, superação, visão, estratégia, eficiência e tantos outros — são aplicáveis e bem-vindos em qualquer campo da jornada humana. Por isso Ayrton Senna é um símbolo. Provou o quanto esses valores podem ser cultivados e desenvolvidos.

A maestria para guiar na chuva, por exemplo, não foi uma dádiva gratuita, mas sim o resultado de um esforço consciente para dominar uma circunstância particular. Incansáveis treinos extras foi o caminho para construir essa habilidade soberana.

Ayrton é um símbolo da importância do sonho — para se desenhar um objetivo — e do projeto — para se concretizar uma meta. Mas também sabia da importância da oportunidade. Nada pode ser feito pela pessoa a mais bem qualificada se não existem oportunidades para provar seu talento.

Revendo agora esses anos de fogo e fervor que caracterizaram Senna na Fórmula 1, pode-se compreender que o tricampeão tem consciência disso. De como seu nome extravasa o circuito das corridas e se torna associado a competitividade de alto calibre, eficiência, espírito guerreiro. Qualidades importantes para a vida e para o viver.

Tem também consciência de sua ligação carismática com as crianças. E é nesse âmbito que um dia, movido por um coração generoso, começa a escrever sua história de herói que por decisão própria extravasa o palco básico de lutas e vitórias, estendendo o alcance de seu manto inspirador para outro domínio.

Um dia, Ayrton resolve agir em prol da infância brasileira. Senna parece sentir que sua grande contribuição seria com exemplos. Seus próprios exemplos. Não se furta ao papel de modelo de comportamento, junto às crianças e aos jovens.

Homem de visão, mas também eficiente realizador prático, traduz essa condição simbólica em algo concreto e palpável. Apoia a criação do personagem infantil Senninha, lançado pelo próprio Ayrton em janeiro de 1994, como seu canal de comunicação com as crianças.

Inspirado no tricampeão, Senninha é um garoto de oito anos de inteligência viva, divertido, de bons princípios, bom coração. Transmite os mesmos valores que Ayrton representava. Mora com a família, numa cidade grande.

Energético, criativo, está sempre em movimento. Quer ser piloto de Fórmula 1, quando crescer. Ayrton é seu ídolo.

Mete-se em aventuras de velocidade.Ele e seus principais amigos. Johnny, que entende tudo de carros — e garotas —, Neco, mecânico inventivo, Marcha-Lenta, garoto afável, mas sonolento, J.J., craque em computação, Coni, menina esperta para contas, Tala-Larga, que sonha ser jornalista, Deia, a detetive da turma. Estão sempre enfrentando, nas histórias em quadrinhos, o vilão Braço-Duro, adversário desleal. Fazem parte de sua gangue os mal-intencionados, mas desastrados Pé-de-Breque, Bate-Pino, Rebimboca e o gato Tamborim. Todos prontos a apoiar o chefe nas mais ardilosas armadilhas para fazê-lo vencer o herói.

As disputas entre as duas turmas são resolvidas na pista. Senninha geralmente pilota um bólido vermelho e branco, um grande S na parte dianteira superior do carro.Braço-Duro tem um carro com o desenho de um relâmpago marcando a parte dianteira superior da máquina, engenhocas mil acopladas à traseira, prontas para trapaças que tirem seu principal adversário da pista. Senninha traja um macacão vermelho, usa um capacete inconfundível nas cores amarelo, verde e azul. Braço-Duro geralmente veste um macacão roxo e um capacete todo preto.

O lançamento de Senninha coincide com uma série de iniciativas de Ayrton que se tornam públicas nos meses finais de sua vida.

Se você é fã do Ayrton piloto, convido-o a navegar por essas outras páginas da história de um herói abrangente cujo raio de ação tem longo alcance, para além do automobilismo. Se você se aproxima de Ayrton por seu interesse nesses outros campos de atuação, convido-o a perceber como tudo tem origem no sucesso do protagonista nos autódromos do mundo. A ambos convido para integrar tudo isso num conjunto unificado, onde as diversas frentes de ação pública do piloto se combinam. E então podemos ter um retrato integrado da sua grandeza como um herói moderno diferenciado, único.

Voltemos àquele tempo crucial para se compreender isto. É como se Ayrton Senna houvesse amadurecido muita coisa dentro de si e de repente sentisse muita pressa de orquestrar ações em áreas distintas, mas correlacionadas. Em seu estilo típico, as iniciativas são balizadas por qualidades como eficiência, profissionalismo, atenção ao detalhe, visão de conjunto e horizonte de larga escala.

Em 1994, Ayrton Senna completa 34 anos de idade. É possível que mais do que antes estivesse dando atenção ao futuro depois que parasse de correr. Primeiro, estrategista que é, abre uma frente para garantir rendimentos após a fase das pistas de corridas. É a frente dos negócios diretos. O piloto constitui uma empresa de importações, a Senna Import, anunciando em novembro de 1993 um acordo de importação e venda no Brasil dos automóveis da marca alemã Audi AG. Embora de reconhecida fama, prestígio e tradição pela qualidade dos veículos de refinada classe que fabrica, a Audi é até então praticamente desconhecida no Brasil. A comercialização dos veículos em território brasileiro começa efetivamente em março de 1994.

No dia 28 do mês seguinte, Senna lança em Padova, na Itália, o primeiro modelo de uma série de bicicletas que levariam seu nome, produzidas pela Carraro, fabricante que começara em 1924 numa modesta oficina e conquistaria com o tempo uma posição privilegiada no setor.

O que acontece é que o piloto descobrira que seu nome já se transformara em sinônimo global de excelência. Associando essa imagem aos negócios, já havia criado em 1991 a marca Senna, visualmente identificada por um traço estilizado reproduzindo um S duplo, o nome Senna e a expressão *driven to perfection*. O propósito era aliar-se a parceiros que desenvolvessem produtos exclusivos de alto desempenho, unindo seu próprio renome à imagem de busca de perfeição de Ayrton. Os materiais escolhidos para os produtos teriam que ser de alto padrão e o *design* seria obrigatoriamente moderno, arrojado, até futurista. Os parceiros pagariam *royalties* pelo uso do nome.

O lançamento de Padova acaba tendo um valor histórico singular. É a última aparição pública do piloto em evento promocional. A marca Senna continuaria uma trajetória de sucesso após maio de 1994, multiplicando-se em várias outras iniciativas. Surgiriam motocicletas Senna fabricadas pela MV Agusta e pela Ducati, na Itália, relógios produzidos pela Universal Gèneve, Tag Heuer e Hublot, na Suíça. Óculos de armações concebidas pelo *designer* italiano Graziano Bocci, barcos produzidos na Itália pela Tullio Abbate e no Brasil pela Colunna. Camisetas fabricadas no Canadá, nos Estados Unidos e no Brasil, canetas criadas pela Montegrappa, o mais tradicional fabricante italiano do setor, e até um título de capitalização pelo maior banco brasileiro, o Bradesco, além do cartão de crédito Credicard Citi Instituto Ayrton Senna.

O licenciamento da marca Senna e as importações dos automóveis Audi seriam as principais receitas de negócios fora das pistas.

Até então, esse é o padrão esperado de uma grande estrela mundial do esporte. Investir em negócios, capitalizar a autoimagem pública, garantir receitas extras em atividades paralelas ao esporte, prever rendimentos para após o final da carreira.

Senna não se limita a esse padrão típico, porém. Utiliza-o, vale-se da sua condição privilegiada. Mas, naquele início de 1994, abre uma porta para outro âmbito de façanhas e realizações que surpreenderá com o tempo um país inteiro, pela força de seu alcance. O novo rumo seria o da ação social.

Num momento de lazer, em família, convida a irmã Viviane a desenvolver um projeto que traduzisse sua vontade de intervenção social em ação concreta. Estratégico, Ayrton percebe que o foco prioritário seriam as crianças das camadas sociais menos favorecidas, carentes de oportunidades. Na área social, Senninha poderia atuar como inspiração e o próprio Ayrton é um modelo reconhecido pelos jovens. Mas não basta. Ayrton quer mais. Tem poder e recursos, alma e coração.

A morte o leva antes da maturação da ideia em plano. Mas aos poucos o Brasil iria descobrir um outro mapa de ideais que residia, discreto, em Ayrton Senna. Descobriria que Senna não estava sozinho nesse sonho. Tinha em volta de si uma família de valores extraordinários centrados na compaixão humana. Despontaria do núcleo formado pelo pai, Milton, pela mãe, Neyde, pelo irmão, Leonardo, e pela irmã, Viviane, uma figura que demonstraria ser capaz de traduzir, no campo da ação social, o padrão de excelência que grava para sempre o nome de Ayrton Senna da Silva na história da Fórmula 1.

Grande Prêmio da Cidadania

Ela tem aparência frágil, silhueta magra, fala de menina, gestos comedidos. Voz pausada, pouco mais do que um sussurro. E se você a visse naquela noite de chuva fina intermitente no Estádio do Pacaembu, em São Paulo, 20 de março de 2004, no espetáculo de abertura do Ano Ayrton Senna do Brasil, quem sabe teria a mesma impressão que de repente acende-se na minha mente:

— Parece uma fada.

Ao meu redor, na área VIP armada no centro do gramado, políticos, empresários, artistas, personalidades da alta sociedade. Ela, num longo vestido farfalhante, parece deslizar   sobre nuvens, quase etérica, cumprimentando muitos dos convidados.

Quando o espetáculo **Senna In Concert** *começa*, grandes nomes da música popular brasileira sobem ao palco, enorme, com cinco metros de altura, 120 metros quadrados de fundo. Quinze telões recebem imagens projetadas com efeito tridimensional.

Alguns desses artistas já eram famosos quando Ayrton despontava nas pistas, outros eram ainda adolescentes ou crianças quando faleceu. Nessa noite, véspera da data em que o tricampeão completaria 44 anos, cada um canta sua homenagem. Milton Nascimento, Daniela Mercury, Chico Buarque de Holanda, Frejat, Sandy & Junior, Caetano Veloso, Ivete Sangalo, Gilberto Gil. Um corpo de baile exibe coreografia especial. Celebridades do *show business* dão depoimentos, heróis do esporte manifestam homenagens. O capitão da seleção brasileira de futebol campeã do mundo em 1994, Dunga, o tenista Guga, a ex-jogadora de basquete Hortência, jogadores da seleção olímpica de vôlei de 1992.

Na apoteose de encerramento, ela está no centro do palco, algo desajeitada e tímida, cercada por essas estrelas de primeira grandeza acostumadas à exposição pública diante das massas.

Mas não se engane com esses sinais. O ar introvertido esconde uma determinação férrea, como o irmão. O olhar sereno disfarça uma profundidade de visão que alcança horizontes só acessíveis aos mapeadores do futuro. Os passos curtos camuflam o fôlego para longas caminhadas. O sorriso comedido é passaporte para uma força de persuasão que mobiliza a adesão à causa, de aliados poderosos. Viviane Senna, presidente do Instituto Ayrton Senna. Essa é a instituição nascida da conversa entre Viviane e o irmão, naquele já distante 1994. Uma organização não governamental sem fins lucrativos, voltada ao desenvolvimento dos potenciais de crianças e jovens da rede pública de ensino.

Façamos juntos um salto no tempo. Um *flash forward* livre. De volta para o futuro. Em dois movimentos.

Novembro de 2005. Viviane é eleita, pela respeitada Associação dos Dirigentes de Vendas e Marketing do Brasil, Líder Empresarial

Nacional de Responsabilidade Social. A razão é o trabalho notável do Instituto.

Novembro de 2009. Os números traduzem o alcance crescente desse trabalho. Impressionam.

A organização sob o comando de Viviane atendeu, desde sua criação em 1994, nada menos que 11.640.930 crianças e jovens, em 26 Estados brasileiros e mais o Distrito Federal, além de ter capacitado 553.512 educadores, com investimento expressivo de R$203.417.308,00 em programas educacionais.

Adotando postura proativa, integrada e articulada, tem construído soluções inovadoras para os problemas educacionais na esfera pública, exercendo uma função gerencial vital. A aprendizagem, o ensino, a rotina escola e a política educacional são áreas das ações sistêmicas do Instituto. Diversos programas constituem seu plano de ação. O Gestão Nota 10 — para a gestão de secretarias de educação e unidades escolares; o Acelera Brasil — de aceleração da aprendizagem; o Se Liga — de combate ao analfabetismo; o Circuito Campeão — para o desenvolvimento de competências no ensino fundamental. O Educação Pelo Esporte — cujo nome é autoexplicativo; o Educação Pela Arte — idem; e o SuperAção Jovem — um trabalho que estimula oportunidades específicas de desenvolvimento de meninos e meninas. Na área tecnológica, o Escola Conectada promove a mudança escolar através da tecnologia, o Comunidade Conectada trabalha a inclusão digital e o SIASI é um *software exclusivo*, desenvolvido pelo Instituto para o acompanhamento dos programas.

Os recursos aplicados procedem da totalidade dos *royalties* de uso da imagem de Ayrton Senna e do personagem Senninha, além do investimento de responsabilidade social de empresas aliadas do Instituto.[6]

Por trás dos números de impacto, descobre-se uma trajetória de transformação pessoal igualmente marcante, associada a uma história em curso, de empenho pela transformação social, como talvez o Brasil jamais tenha vivido antes.

Venha comigo por essa outra epopeia. Uma extensão inusitada da ação de um campeão do esporte noutra praia que não as arenas de competição. Uma extensão que tem sua vontade e seus recursos, mas que é exercida por outra pessoa que comunga das suas ideias e leva adiante um sonho em seu nome.

O voo é de retorno no tempo, agora. *Flash back*. Rumo ao passado.

A trajetória pessoal de Viviane começaria a mudar radicalmente no início de 1994. Até então, a irmã de Ayrton Senna, três anos mais velha, mãe de três filhos, exercia a pacata profissão de psicóloga clínica. Formada pela Pontifícia Universidade Católica de São Paulo, a PUC, especializada em psicologia junguiana, atendia crianças e adultos em consultório. Discreta, pouco aparecia em público, ao lado do irmão famoso. Avessa a badalações e festas, preferia a vida em família.

No círculo reservado dos Senna, Viviane era com quem Ayrton compartilhava questões íntimas, existenciais. A fundamental questão da espiritualidade, por exemplo.

---

6 Quando este capítulo é completado, em novembro de 2009, apoiam o Instituto as seguintes organizações: Credicard, Bradesco Capitalização, Lide/EDH, Microsoft, HP, Grendene, Vale do Rio Doce, Votorantim, Brasil Telecom, Oracle, Suzano Papel e Celulose, Neoenergia, Santa Bárbara Engenharia e Construção, Lenovo, Instituto Vivo, Tribanco, Martins Distribuidora, Nívea, Siemens, Intel, Coca-Cola e Renosa.

À primeira vista soa estranho que um profissional do mundano circo da Fórmula 1 tivesse algo a ver com a espiritualidade, esse tema às vezes tão pouco compreendido, mas tão decisivo na existência dos seres humanos. Filhos de uma cultura que nos impôs por muito tempo uma falaciosa divisão racionalista entre o profano e o sagrado, nos condicionamos a separar demais as coisas. Às vezes confundimos religiosidade — um sentimento, pensamento e fenômeno de conexão íntima com uma consciência maior do que nós, um criador divino e absoluto cuja magnificência abrange toda a existência — com religião, isto é, forma institucionalizada de acesso à espiritualidade. Também nos condicionamos a acreditar que a religiosidade — entendida neste livro como sinônimo de espiritualidade — está restrita às igrejas e aos templos, reservada aos santos e buscadores espirituais de vida monástica tão distante da nossa realidade cotidiana. Esse modelo mental limitador nos fez esquecer que na vida real, no cotidiano orgânico de todos os dias, o profano e o sagrado podem estar muito próximos.

Ayrton Senna rompe com esse modelo limitado. O episódio da visão de Cristo ilustra esse ponto. Quando é campeão pela primeira vez, vencendo o Grande Prêmio do Japão de 1988, declara que vira a figura de Jesus Cristo no autódromo de Suzuka. Uma imagem imensa, no ar, suspensa sobre a pista. Um fenômeno que não se explica em termos convencionais. Um breve estado de transe, talvez, simultâneo ao estado consciente de estar dirigindo um bólido de competição.

Iríamos saber, depois, que Ayrton levava uma Bíblia consigo, lia-a antes das corridas. E nesse item Viviane era uma parceira valiosa. Revela à revista **ISTOÉ Gente**, em entrevista na edição de 26 de agosto de 2002:

— Para mim, a questão com Deus não pode se reduzir a rituais, princípios dogmáticos e normas. Acho necessário passar por uma experiência de relacionamento pessoal com Deus, da mesma forma que a gente se relaciona com outra pessoa. Muitas vezes eu lia a Bíblia junto com Ayrton, discutíamos o texto e conversávamos sobre nossos sentimentos. Era nossa experiência com Deus.

É com esse mesmo grau de confiança mútua que em março de 1994 Ayrton conversa com Viviane na casa de veraneio em Angra dos Reis, decidido a organizar algo estruturado para uma ação social sistemática em favor das novas gerações. Já investira em ações sociais isoladas, em caráter beneficente, mantendo essas iniciativas em sigilo. Expõe nessa conversa o desejo de fazer alguma coisa, mas não tem ideia clara de qual seria o formato. Indica que gostaria de direcionar parte dos *royalties* do Senninha para essa finalidade. Fica tacitamente acordado, então, que os dois voltariam ao assunto oportunamente para desenhar o projeto juntos.

Mal o sonho é esboçado, acontece a tragédia. O choque e a dor fazem a família lembrar desse desejo sob um novo prisma. Conta Viviane:

— Eu e minha família ficamos muito emocionadas ao ver as pessoas solidárias e tão tristes como nós, com a perda de meu irmão. O que mais chamou nossa atenção foi que essa comoção tomou conta de todas as pessoas, sem exceção. De todas as classes e raças. Não era a dor de um grupo. Era a dor do Brasil. Percebemos que Ayrton não era nosso, de minha família. Ele era e sempre será Ayrton Senna do Brasil. Para nós, essa certeza nos impulsionou a fundar o Instituto Ayrton Senna, primeiro para realizar o sonho de meu irmão e, segundo, como uma resposta grata ao povo brasileiro pelo carinho, admiração e respeito dedicados ao homem e piloto Ayrton Senna.

O sentimento da família e o desejo do piloto unem-se então como força-motriz que logo encontra um meio para transformar a ideia em realidade. Toma-se a decisão pela abertura de uma Organização Não Governamental, uma ONG. Como as normas brasileiras da época são restritivas, tornando lento o processo de abertura de uma ONG, e como há pressa para institucionalizar um formato de operação, em virtude de contratos de licenciamento de Senna em vigor, cria-se a Ayrton Senna Foundation, como canal de recepção de recursos. Isso acontece em Londres, em julho de 1994. Em novembro do mesmo ano, funda-se o Instituto Ayrton Senna, com sede num prédio de escritórios na zona norte da capital paulista.

E então acontece um gesto nobre que espelha uma grandeza moral inusitada: os membros da família Senna, detentora dos direitos de royalties sobre os licenciamentos da imagem de Ayrton, da marca Senna e do personagem Senninha, decidem doar toda receita daí advinda para o Instituto. Para seu sustento, a família utiliza exclusivamente o que recebe das empresas que controla.

Estabelece-se na família uma especialização de funções. O pai, Milton, e o irmão, Leonardo, ficam encarregados dos negócios. A mãe, dona Neyde, cuida da preservação da memória do filho. E Viviane, um tempo depois da criação da ONG, fecha seu consultório para mergulhar de cabeça, corpo e alma no Instituto, trazendo a bordo, como aliados, profissionais de gabarito escolhidos a dedo.

Uma decisão corajosa. Viviane pouco sabe então de administração e do mundo empresarial, jamais ocupara um cargo nas firmas da família, pouco conhece de investimentos na área social.

Assume a presidência como voluntária, convidando empresários que sejam diretores de fundações para compor o conselho de administração do Instituto, também na qualidade de voluntários. No plano internacional, convida Alain Prost, Frank William e Ron Dennis, chefe de equipe de Senna na McLaren, a participarem do conselho.

Em 1995, o Instituto está pronto para a primeira ação social prática, no campo educacional. Segue a praxe de instituições sociais nessa época. E a praxe é uma instituição assim escolher alguma ONG ou outra organização que a seus olhos mereça crédito e incentivo, repassando-lhe recursos adicionais para iniciativas que já estão em andamento, mas precisam de reforço. Como os recursos são limitados e a necessidade é muita, há sempre muita gente querendo fazer algo, carente de apoio. Quem pode apoiar fica numa posição muito cômoda, selecionando projetos de uma infinidade de pedidos que recebe.

O início do Instituto Ayrton Senna segue esse modelo, mas com uma diferença. Escolhe como primeira parceira não uma ONG, mas sim uma universidade. O objetivo geral é claro: atender crianças e adolescentes, desejo expresso do benfeitor. O formato específico também parece óbvio e natural, considerando-se sua história de vida: oferecer oportunidades de desenvolvimento pleno de meninos e meninas, tendo o esporte como instrumento.

Já a definição da parceira deve-se tanto a um raciocínio lógico quanto a um motivo afetivo. As universidades públicas adotam como três funções essenciais o ensino, a pesquisa e a extensão, entendendo-se sob esse termo a prestação de serviços à comunidade, resultante tanto do conhecimento gerado nas instituições de ensino superior quanto da necessidade de capacitar novas gerações em conhecimento aplicado. Por uma questão das disparidades sociais típicas do Brasil, muitos campi das universidades públicas têm como vizinhos bairros socialmente periféricos, habitados por classes sociais desfavorecidas.

É o caso da Universidade de São Paulo, a USP, maior instituição do gênero no país — 55.863 estudantes de graduação, 25.495 de pós--graduação, 5.222 docentes e pesquisadores, dados de 2008 —, e do seu campus principal na capital paulista. O campus é um oásis de verde e paz apropriados à aprendizagem, com 5.985.291 metros quadrados, em meio ao caos urbano da maior metrópole da América do Sul, uma das maiores do mundo, com seus 19.949.261 habitantes na região metropolitana (números de 2007). Vizinhos ao campus estão as comunidades pobres São Remo, Jaguaré e Rio Pequeno, onde moram inclusive funcionários de baixa renda da USP.

Mas e o laço afetivo?

Quando estava na cidade, Ayrton gostava de fazer seu programa de preparo físico no campus da USP. Ao ar livre, no complexo esportivo do campus, quase ninguém o incomodava fora de hora com um pedido de autógrafo. Com o status de ídolo que adquirira, seria uma insanidade treinar num dos parques públicos da cidade, mas na USP, tudo bem.

A família lembra-se disso. E o Instituto Ayrton Senna tem então como primeira iniciativa o Projeto Esporte Talento, lançado em primeiro de agosto de 1995, depois de meses de ajuste e desenho. Acontece que, por essa época, a USP está procurando um parceiro para um projeto de extensão universitária centrado no esporte. As conversas entre a USP e o Instituto resultam num escopo de trabalho mais ambicioso, com características de cunho social, voltado para crianças e adolescentes de 10 a 16 anos. O meio de execução é a prática da canoagem, do futebol e do handebol para meninos e meninas, e do basquetebol feminino. O Projeto Esporte Talento começa executado por professores e estagiários de Educação Física e Esportes da USP, como mentores, e com a participação de 200 crianças e adolescentes residentes nas comunidades carentes vizinhas à USP.

O propósito do Projeto é simples: oferecer a oportunidade do desenvolvimento através do esporte para jovens pobres que dificilmente teriam outra abertura para aperfeiçoar seu potencial. As crianças começam com 10 anos de idade, são selecionadas por testes de habilidades físicas e motoras. Aprendem uma das modalidades esportivas oferecidas.

É um começo de mérito. O Instituto investe um milhão de reais nesse primeiro ano de atividades. No ano seguinte, investe algo a mais, um milhão e 200 mil reais.

Tudo está nesse ritmo quando, em 1996, uma grande mudança ocorre. No plano pessoal, Viviane enfrenta um duro golpe com a morte do marido Flávio Pereira Lalli num acidente de motocicleta.

Assim como a perda de Ayrton provoca o fortalecimento psicológico de Viviane, a do marido parece impulsioná-la ainda mais rumo à definição de uma vocação de empresária social eficiente, disposta a fazer uma diferença transformadora no mundo, honrando o legado do irmão. Faz tão pouco tempo, mas parecem distantes os anos em que tudo o que Viviane sabia do mundo do trabalho era sua dedicação à profissão de psicóloga clínica.

Em 1996, ela já está em ascensão como empreendedora social de peso. Está a caminho de se tornar ao mesmo tempo visionária e realizadora, movida por profundo compromisso com a melhoria das condições sociais do Brasil. Está tocada pelo mesmo coração compassivo que sensibilizava Ayrton. O coração que pousara de vez no âmago de sua família, naquela quinta-feira dolorosa de 05 de maio de 1994, o dia em que o povo brasileiro se viu, no cortejo fúnebre pelas ruas paulistanas, capaz de manifestar um grande amor por um irmão que elegia como mito.

Naquele dia, em momento crucial no sepultamento, Viviane tomara o capacete verde, amarelo e azul nas mãos, com firmeza, como se chamasse para ela a responsabilidade pela missão que Ayrton esboçara: semear nos corações de crianças e adolescentes pobres brasileiros a fé neles mesmos.

Um gesto, um símbolo, uma aceitação do destino. Uma autoentrega a uma missão que lhe traz um novo sentido de vida.

Mas o aprendizado da heroína, assim como do herói, na sua jornada, passa por provas sucessivas e inesperadas que forçam a extensão máxima das fibras do caráter, demandando a superação da dor. Quando assume a liderança do Instituto, Viviane deve enfrentar suas próprias sombras. A timidez em público, por exemplo. Precisa obrigatoriamente expor-se, sair do casulo, defender pontos de vista, sensibilizar potenciais aliados. Precisa ignorar o conceito que muitos lhe fazem, de mulher rica dondoca, incapaz de um trabalho grandioso, à luz da imagem poderosa do irmão campeão.

Nos bastidores distantes dos holofotes públicos, porém, sabe-se do potencial de Viviane, de sua capacidade de aprender. Assim como o irmão, quando encontra algo que não sabe, o desconhecido não é obstáculo; é desafio, motivo para conquista e domínio.

Quase nada sabe de filantropia quando se mobiliza na criação do Instituto. Responde ao desafio procurando aprender numa das melhores fontes de referência da época, a Fundação W. K. Kellogg. Trata-se de uma instituição gigante no setor filantrópico nos Estados

Unidos, criada em 1930 por Will Keith Kellogg — inventor da fórmula do cereal matinal em 1894, fundador da Kellogg Company em 1906. A missão da Fundação concentra-se na aplicação de conhecimento para ajudar as pessoas melhorarem sua qualidade de vida e das gerações futuras, dando muito destaque a questões da juventude. No início da década de 1990 abre um novo programa dedicado aos jovens no mundo inteiro, investindo de imediato 67 milhões de dólares. Sua carteira total de investimentos ultrapassa um bilhão de dólares anuais. É um ótimo estudo de caso inspirador para Viviane, que examina a metodologia de trabalho, a linha de ação, a filosofia norteadora das iniciativas, os resultados.

O diretor regional para a América Latina e Caribe da Fundação, na época, Marcos Kisil, fica impressionado com Viviane, como declara numa reportagem de Laura Greenhalgh e Carlos Henrique Ramos na revista Época:

— Foi uma coisa incrível. Chegou até nós como portadora de um desejo difuso. Forjou-o, traduziu-o numa missão claríssima.

A clareza de rumos chega até bastante rapidamente, em 1996. Mas tem um primeiro passo concreto, que significaria um salto de qualidade em direção a um projeto muito mais ambicioso do que o desenho original.

O laboratório desse avanço é o Projeto Esporte Talento. Se lhe pareceu que a proposta tem um mérito intrínseco, de oferecer uma via de desenvolvimento de talentos para crianças pobres com potencial esportivo, seu pensamento está correto. Mas se você analisar a iniciativa sob um escopo de ambição maior, encontrará limitações intrínsecas igualmente frustrantes.

A primeira limitação é que o projeto só atende crianças dotadas de talento esportivo nato. Quem não tem jeito para o esporte nem vocação para atleta está naturalmente excluído. A segunda é que o teste de seleção das crianças avalia capacidades físicas e motoras apropriadas para modalidades esportivas que elas mal conhecem. Das quatro modalidades oferecidas — futebol, canoagem, handebol e basquetebol feminino —, é possível que as crianças só tenham familiaridade com o futebol. E a terceira limitação, apontam Paula Korsakas e Maykell Araújo de Carvalho, em livro coletivo que está sendo preparado sobre o Esporte Talento, é que a prática especializada de uma só modalidade esportiva contraria o que se sabe hoje sobre as fases de desenvolvimento motor e psicológico da criança.

Quer dizer, o projeto está voltado ao desenvolvimento de possíveis futuros atletas, mas não tem em si a concepção do desenvolvimento da criança através do esporte. São conceitos distintos.

Aos poucos, o projeto vai mudando de configuração. O esporte, dizem Paula e Maykell, passa "a ser compreendido não mais como um privilégio de crianças tidas como mais habilidosas e (como) uma via de ascensão social como atletas apenas, e sim como meio privilegiado de promover a educação integral de crianças e adolescentes".

E o que quer dizer *educação integral*? Significa a formação física, cognitiva, emocional e social. Significa que o propósito essencial não é mais preparar futuros atletas — embora os talentosos sejam encaminhados para isso —, mas sim formar pessoas, cidadãos, gente.

Gradativamente, o Instituto Ayrton Senna, em parceria com os profissionais da USP, forma uma outra proposta, lançando o Programa Educação pelo Esporte em 1996. Também inova, conquistando o apoio de um parceiro empresarial para o Programa, a fabricante de automóveis Audi, sob o conceito de uma nova ética de corresponsabilidade social. Juntos, nesse mesmo ano, os parceiros instalam o programa na própria USP, como continuação natural da experiência anterior com o Esporte Talento. Em paralelo, o programa é também implantado na Universidade de Pernambuco, na (Universidade) Federal de Minas Gerais, na (Federal) de Mato Grosso do Sul, na Vale do Rio dos Sinos (Unisinos) no Rio Grande do Sul, e na (Federal) do Pará.

Viviane Senna recorda-se dos tempos pioneiros:

— Fui ao **Criança Esperança**, a convite da TV Globo, logo após o acidente. Lá, ao vivo, contei da breve fundação do Instituto. Foram alguns minutos que geraram um retorno enorme, surpreendente. As empresas queriam doar recursos ao nosso trabalho. Por isso, nos estruturamos fisicamente no prédio no bairro de Santana, onde Ayrton tinha seu escritório. Começamos a trabalhar, encarando os desafios burocráticos, jurídicos, fiscais. A imagem de meu irmão era e é um ícone que representa o lado luminoso do país. Essa imagem está estampada em cada ação do Instituto. Por isso, tudo o que fizemos foi com total transparência e critério.

O método de trabalho é convencional e vê-se, na revisão de 1996, pouco produtivo. Explica Viviane:

— Como a maioria das ONGs, nós também começamos avaliando projetos para financiá-los. Para isso, tínhamos profissionais bem competentes que, por meio de critérios de seleção predefinidos, davam o seu parecer. Logo percebi que não era esse o caminho. Também notei que pequenas ações não dariam conta de ajudar o Brasil a diminuir a desigualdade social. Eram necessárias ações amplas, "de atacado". Por isso, desenvolvemos soluções educacionais para serem aplicadas em larga escala e em qualquer parte do país.

Essa história é o que está sendo celebrado nessa noite de março em São Paulo. Dez anos de uma jornada brilhante que se encerrou abruptamente nas pistas de corrida. Dez anos de uma nova, disparada pela primeira, que continua a ascensão para um voo de cruzeiro de largo alcance.

Educar, ser, vencer

Você que está comigo aqui, agora, lendo esta história: o que acha disto tudo? Como vê esse outro Grande Prêmio, simbólico, sem dúvida, voltado a uma causa social nobre, centrada na educação, abrindo oportunidades a crianças e jovens, estimulando talentos?

Se é fã do Ayrton corredor, admira essa outra face do ídolo, e do vínculo do seu nome a um empreendimento social de longo alcance? Se é educador, conhecer o trabalho do Instituto lhe é estimulante? Se nem uma coisa nem outra, o nome de Senna e a ação associada do Instituto despertam-lhe surpresa?

Olhe, vou dizer uma coisa. Quanto a mim, não sou neutro nesta história, não. Nem tenho posição de imparcialidade. Admiro mesmo que um grande campeão do esporte tenha tido tal nobreza de visão além do esporte, tal consciência das mazelas sociais do Brasil. E que tenha se empenhado pessoalmente para ajudar de algum modo, usando seu poder, seus recursos, seu prestígio. Admiro o que o Instituto está fazendo, que chega, a meu ver, a se constituir numa grande e quase silenciosa revolução socioeducacional neste país.

Mas acho também que você e eu precisamos avançar mais nesta história fascinante de trabalho em prol da melhoria da qualidade de vida de pessoas. Não é uma história perfeita, nem está isenta de limitações ou dificuldades. Mas o mérito é enorme, o exemplo e a inspiração que geram na sociedade são extraordinários.

Vamos juntos compreender como evolui, como se transforma, como beneficia crianças e adolescentes. Sigamos adiante, navegando no tempo, comprimindo informações, descobrindo episódios, construindo um quadro básico de uma das mais importantes iniciativas sociais de toda a história do Brasil contemporâneo.

Estávamos, num certo ponto, em 1996. Lembra-se?

O Instituto Ayrton Senna tem um ano de existência. Viviane recorda-se da autoavaliação crítica desse ano e de seu efeito na mudança de rumos. Muito tempo depois, conta em entrevista a Daniel Japiassu, na revista **Gallery Leaders — Business Style**:

— Eu entendi que, para ir do micro para o macro, era preciso transcender a simples implementação de projetos. Era fundamental construir metodologias, *tecnologias sociais*, modelos que pudessem ser aplicados em São Paulo, no Amazonas, no Rio Grande do Sul, em qualquer lugar.

O que Viviane e seus aliados do Instituto fazem é uma viagem de fôlego, transitando por conceitos novos, propostas de ponta de gente que quer contribuir para uma transformação positiva da sociedade. Exige uma breve visão de contexto. Venha comigo.

Até a década de 1980, o mundo associa o sucesso ou fracasso de um país à ideia do desenvolvimento. O conceito está atrelado à questão do crescimento econômico, tendo como principal macroindicador o chamado Produto Interno Bruto, PIB, que é a soma, em valores monetários, da produção total de um país. A produção da agricultura, da indústria, dos serviços. Tudo, menos a economia informal. Quanto maior o PIB de um país, teoricamente mais rico. Quanto maior seu crescimento econômico, teoricamente mais bem sucedido.

Isso começa a mudar em 1990 quando a Organização das Nações Unidas, ONU, através do seu Programa Para o Desenvolvimento, assume que não se pode discutir desenvolvimento exclusivamente sob o aspecto econômico. Onde fica o ser humano? De nada vale discutir-se orçamento e balança de pagamento se as pessoas são deixadas de fora.

Procurando corrigir essa miopia de visão, a ONU estabelece um conceito de desenvolvimento humano. Espelhando-se na existência dos indicadores econômicos utilizados para medir o PIB, cria indicadores que refletem o quanto uma sociedade favorece ou dificulta a satisfação de necessidades básicas das pessoas.

Contrata uma equipe de especialistas para desenhar a nova abordagem, liderada pelo economista paquistanês Mahbub ul Haq, pioneiro de uma corrente que procura humanizar as ciências econômicas. Tem como principal aliado na tarefa, o filósofo e economista indiano Amartya Sen, Prêmio Nobel de Economia de 1998.

A equipe chega a um consenso, expresso por Mahbub al Haq:

— O propósito básico do desenvolvimento é ampliar as escolhas das pessoas. Em princípio, essas escolhas podem ser infinitas e podem mudar com o tempo. As pessoas valorizam, muitas vezes, conquistas que não se traduzem, pelo menos não imediatamente, em renda ou dados de crescimento econômico:

mais acesso ao conhecimento, melhor nutrição, melhores serviços de saúde, habitação segura, proteção contra o crime e contra a violência física, tempo de lazer, liberdades política e cultural, e senso de participação em atividades comunitárias. O objetivo do desenvolvimento é criar um ambiente favorável para que as pessoas possam desfrutar de vidas longas, saudáveis e produtivas.

Descendo da teoria à prática, a equipe da ONU cria então um sofisticado Índice de Desenvolvimento Humano. Esse documento, o IDH, é composto por um conjunto de indicadores que em essência mede o avanço — ou retrocesso — de um país, ano a ano, em torno de três aspectos fundamentais para seus cidadãos. São a longevidade saudável — tendo como parâmetro a expectativa de vida ao nascer —, a educação — medida pela taxa de alfabetização de adultos e pela taxa bruta combinada das matrículas no ensino primário, secundário e superior — e o nível de dignidade de vida, medido pelo PIB *per capita*. Em seguida, a ONU passa a produzir anualmente um Relatório de Desenvolvimento Humano, que avalia o estado da quase totalidade de seus países-membros, que em 2006 (última base de dados disponível) são 192.

Como vê, a educação ocupa posição de destaque na proposta de desenvolvimento humano da ONU. Enquanto a entidade está delineando e aperfeiçoando esse caminho, ao longo da década de 1990, o Instituto Ayrton Senna está também redirecionando o rumo, a partir da grande revisão de 1996.

Da educação via esporte, que é a alavanca natural do começo do Instituto, o foco já se amplia para outras formas de educar. E destas, com os avanços da ONU no tema do desenvolvimento humano, o escopo cresce mais ainda para incluí-lo. Nesse campo encontra um oceano de coisas por fazer, já que o Brasil é um país de contrastes gritantes.

Se você consulta dados econômicos, levanta a informação de que o Brasil dá uma arrancada notável na década de 1990, chegando a alcançar, num certo momento, a posição de oitava maior economia do mundo, em PIB. Mas se consulta o Índice de Desenvolvimento Humano, o quadro não é nada de que possamos nos orgulhar. Esse foi o panorama à frente do Instituto. A situação não melhorou muito, de lá para cá.

A estimativa de 2009 é que o PIB do Brasil alcance US$1,482 trilhão, colocando-nos novamente no patamar de oitava maior economia do mundo. Já no IDH, também em 2009, ocupamos o 75º lugar, bem atrás da Argentina (em 49º lugar) e atrás de Cuba, Croácia e Romênia, por exemplo. Nenhum desses países tem PIB tão volumoso quanto o brasileiro.

Analisando a situação, o Instituto encontra, na sua reformulação de poucos anos atrás, um caminho claro para contribuir para a melhoria do Brasil, centrando esforços na educação, sob o prisma do desenvolvimento humano.

Traz também da psicologia junguiana de Erich Neumann um entendimento iluminador desse tema. Para Neumann, diz um texto do Instituto, o indivíduo humano nasce como um *projeto de ser*. Cada um de nós vem ao mundo com uma série de talentos e habilidades potenciais que nos tornam singulares, nascidos para contribuir de maneira particular e especial para o avanço da civilização. Mas para a realização do potencial inerente a cada um de nós, passamos por um processo de desenvolvimento delicado e complexo, que tem uma fase natural, biológica, de gestação no útero da mãe, e outra social, que vai nos acompanhar até o final da adolescência, começo da vida adulta. Nessa segunda fase, precisamos de estímulos corretos, oportunidades, ambientes favoráveis, meios de desenvolvimento dos nossos potenciais. Se não os encontramos, enfrentamos a trágica possibilidade de não realizarmos o nosso *projeto de ser*, de vivermos uma vida pela metade, aquém do nosso potencial.

Unindo essa abordagem e a proposta da ONU, o Instituto vai desenhando um território de ação muito mais amplo do que nos seus primeiros passos. Agora já não está limitado a desenvolver os talentos esportivos eventuais das crianças. Quer contribuir para o desenvolvimento de capacidades, talentos e habilidades para a vida, para a realização plena do *projeto de ser* de cada uma delas, como indivíduos e como pessoas inseridas na sociedade, dignas, respeitáveis, confiantes.

À medida que o Instituto incorpora esses conceitos novos, passa também a ousar e a inovar. Começa a criar uma metodologia educativa própria. Consultores e especialistas de vanguarda juntam forças à equipe da instituição, fermentando possibilidades de fato estimulantes.

O conceito de educação, por exemplo. Por muito tempo, na nossa sociedade, confundimos educação com *formação de mão de obra, preparo de gente para o mercado de trabalho*. E achamos que *escola* é um espaço de interação social rígida, meio burocrática. Esqueça.

Antonio Carlos Gomes da Costa, um dos principais consultores do Instituto na época da grande mudança estratégica, apoia-se nos conceitos da ONU, acrescentando suas próprias conclusões, para elaborar para a entidade uma carta de navegação ético-política que lhe confere um propósito transformador.

Denominada Paradigma do Desenvolvimento Humano, a carta estrutura-se em torno de 12 pontos-chave, tendo como primeiro a

171

declaração *a vida é o mais básico e universal dos valores* e duas outras afirmações diretamente ligadas à questão educacional. O item dois diz que *toda pessoa nasce com um potencial e tem o direito de desenvolvê-lo* e o três afirma que *para desenvolver o seu potencial, as pessoas precisam de oportunidades*, completando com a afirmação de que *as oportunidades educativas são aquelas que verdadeiramente desenvolvem o potencial humano.*

De que *oportunidades educativas* estamos falando?

Exatamente quando o Instituto está se autorreformulando, em 1996, a Unesco — órgão das Nações Unidas para assuntos da educação e cultura — anuncia o resultado do trabalho de sua Comissão Internacional de Educação Para o Século XXI. A Comissão enfatiza o papel fundamental da educação neste nosso momento histórico de grandes tensões, em que urgentemente precisamos tornar nosso mundo um lugar de paz, justiça social, equilíbrio ecológico, desenvolvimento sustentável.

Nasce do relatório apresentado pela Comissão, **Educação — Um Tesouro A Descobrir**, um caminho norteador: a educação capaz de responder a esse desafio deve sustentar o processo de aprendizagem sobre quatro pilares que ancoram macro-objetivos fundamentais. São o Aprender A Ser, Aprender A Conhecer, Aprender A Fazer e Aprender A Viver Juntos.

O relatório soma-se a outra iniciativa de grande repercussão internacional da Unesco. Em 1990, lança a **Declaração Mundial de Educação Para Todos**, definindo as necessidades educacionais básicas que o ser humano precisa desenvolver para uma vida digna. Abrange capacidades como saber ler e escrever, contar e resolver problemas, bem como conteúdos essenciais, tais como conhecimento, habilidades, valores e atitudes.

Tudo isso forma um grande pacote de conhecimentos que vai forjando o direcionamento do Instituto. Mas falta ainda um item-chave: que habilidades e capacidades desenvolver nos jovens, para que possam enfrentar com sucesso um mundo em acelerado processo de mudança?

As formulações do educador colombiano José Bernardo Toro Arango, diretor da Faculdade de Educação da Universidade Javeriana, em Bogotá, ajudam. Toro criou os Códigos da Modernidade, um conjunto de sete competências mínimas sem as quais o cidadão não consegue se inserir socialmente, nem participar produtivamente da vida neste nosso complexo século XXI. Essas competências devem ser desenvolvidas enquanto a pessoa é criança, jovem. São as seguintes:

Domínio da leitura e da escrita. Capacidade de fazer cálculos e resolver problemas. Capacidade de analisar, sintetizar e interpretar dados situacionais. Capacidade de compreender e atuar em seu entorno social. Receber criticamente os meios de comunicação. Capacidade de localizar, acessar e usar melhor a informação acumulada. Capacidade de planejar, trabalhar e decidir em grupo.

Acompanhando este texto, você constata como o leque de abordagem do Instituto vai progressivamente crescendo, se completando, se alimentando de contribuições avançadas no campo educacional.

Tudo bem, mas pode ser que você se pergunte: E daí? O Instituto não é uma escola. Por que se preocuparia em conhecer tanto de educação? De que lhe serviria? Como aplicaria o conhecimento acumulado?

O *querer conhecer tanto* é uma herança de Ayrton Senna. Não dá para você querer fazer alguma coisa importante em nenhum campo de atuação humana se não procura primeira conhecer o estado da arte no setor. É o que ele dizia:

— No que diz respeito ao empenho, ao compromisso, ao esforço, à dedicação, não existe meio termo; ou você faz uma coisa bem-feita ou não faz.

Para se fazer uma coisa bem-feita, o primeiro passo é conhecer tudo o que você possa sobre o seu campo de interesse, concorda? Se você não tem domínio do tema, procura familiarizar-se com quem tem.

Depois, tendo em mãos o conhecimento essencial, se seu propósito é atuar no mundo, parte para definir o que exatamente você pode fazer, que contribuição tem a dar. Você procuraria identificar sua vocação, definir uma linha de atuação.

No mundo empresarial, quando abre um negócio novo, você busca saber o que já existe no mercado, tenta encontrar um nicho não explorado, fortalece os aspectos diferenciais do seu produto. Para entrar na briga com possibilidade de sucesso, precisa estrategicamente trazer algo que se soma de modo diferenciado ao que já existe. Para repetir os outros ou oferecer o que já existe em abundância e qualidade no mercado, não vale a pena investir.

Esse mesmo pensamento estratégico está presente no Instituto, só que direcionado à educação. Nessa fase de mudança da década de 1990, seguida de contínuos avanços ano 2000 adentro, depois de terem acumulado conhecimento de ponta sobre a educação, Viviane e sua equipe examinam o que o Instituto pode fazer de concreto, em condições específicas onde há necessidades educacionais não atendidas.

Não, o Instituto não quer abrir escolas. Já existe o sistema educacional público instalado no país. Não precisa inventar a roda.

Mas essa roda pode ter problemas, pode não estar muito ajustada ao carro ao qual pertence.

Por exemplo, a questão da alfabetização. Estatísticas compiladas pelo Instituto mostram que até 35% dos alunos de primeira à quarta série não sabem ler nem escrever. Estão na escola, sim, mas não progridem. Quer dizer, a escola não consegue ser eficiente — por mil fatores complexos que não cabe aqui discutir — com alunos que apresentam muita dificuldade para aprender. A dificuldade de um lado, a resposta inadequada da escola, de outro, geram desânimo na criança, baixa autoestima, sensação de inadequação, abandono.

O Instituto encontra nesse problema grave uma oportunidade de servir ao país. Desenvolve e implementa, nas escolas parceiras, o programa Se Liga, voltado especificamente para resolver isso. Isto é, não vai à escola fazer o que a escola já faz. Vai com uma contribuição adicional, atendendo uma necessidade à qual a escola não tem condições de responder satisfatoriamente.

A dificuldade de alfabetização está associada a outros problemas sérios, que são o baixo nível de aprendizagem geral, a repetência e a defasagem idade/série. A cadeia de efeitos dessa situação é cruel: se a criança não consegue se alfabetizar direito, não consegue aprender mais nada direito; se não aprende, repete; e se repete, vai permanecendo para trás, hibernando em séries para crianças mais jovens, enquanto seus colegas de faixa etária avançam para as séries compatíveis com a idade.

Resposta do Instituto? A criação do programa Acelera Brasil.

Se esses programas têm objetivos claramente definidos — o primeiro busca resolver o problema do analfabetismo dentro das escolas, o segundo busca recuperar as crianças defasadas no processo de aprendizagem —, resta saber que instrumentos de ação empregam. Pois de nada adiantaria utilizar os métodos educacionais que não têm se revelado eficientes nessas questões.

Para se entender este ponto, é preciso compreender que a abordagem do Instituto não é uma caixa fechada. Não é um pacote pronto que se enfia goela adentro nas escolas parceiras. Há princípios e um elenco de instrumentos que norteiam a ação, mas cabe a cada parceiro examinar sua situação específica, encontrando criativamente modos de implementação que sejam cativantes, compatíveis com o contexto sociocultural dos alunos. Uma das marcas é o processo participativo na geração das soluções. Isto é, não só os professores criam os modos de ação; os estudantes podem também contribuir ativamente.

Os caminhos propostos articulam-se em forma de projetos. São os projetos — planos de trabalho, com princípio, meio e fim, cronograma, meios de execução e de avaliação — que constituem, na sua totalidade, os programas de ação. Cada um atende a um objetivo específico, tendo como pano de fundo o objetivo comum maior, direcionador de cada programa.

Da mesma forma, procura-se criar modos de aprendizagem que mostrem claramente a ligação entre o que está sendo ensinado e situações reais das vidas dos alunos. Uma das falhas do processo educacional tradicional é forçar os alunos a aprenderem conteúdos que a eles parecem distantes da sua realidade. O bom senso indica que é melhor ensinar conteúdos claramente ligados à vida dos estudantes.

Outra falha é utilizar abordagens sérias demais, sisudas mesmo. Quem disse que aprender tem de ser coisa chata? Por que não incluir a brincadeira e o prazer?

O Instituto inclui e vai ampliando o leque de programas de ação, tendo como foco tanto questões nitidamente educativas, no sentido restrito de conteúdos que se aprende na escola, quanto outras, mais abertas para questões sociais e humanas amplas. As soluções se encaixam ora na educação formal, ora na complementar, de acordo com sua natureza.

Por exemplo, como melhorar as condições de vida na sociedade desigual em que vivemos?

O Instituto cria um programa, SuperAção Jovem, destinado a desenvolver habilidades fundamentais dos jovens, através da leitura e do raciocínio lógico, que lhes permitam fazer escolhas, exercitar a cidadania e participar de ações sociais em favor da melhoria da escola e da comunidade.

Como efeito, nascem projetos de construção de rampas para deficientes físicos, de criação de bibliotecas, de redação de livro para se contar a história da cidade, e assim por diante. O adolescente, para o Instituto, não é *aborrecente*, não é um *problema* não é *alienado*; é um ser com muita energia e capacidade de ação que podem ser direcionadas para a solução de problemas de suas comunidades.

Outros programas vão nascendo, como Sua Escola A 2000 Por Hora (depois seria rebatizado de Escola Conectada), que utiliza o computador e a internet como meios de acessar informação e gerar novas maneiras de ensinar e aprender. O Educação Pela Arte, que utiliza as formas de expressão artística como meios de aprendizado para a vida, não apenas para a arte.

Conheça na prática um resultado desses projetos.

É o caso do Colégio Estadual Dom Otaviano de Albuquerque, da cidade de Campos dos Goitacazes, no Estado do Rio de Janeiro. Faço uma síntese, a partir do relato no livro **Educação Para o Desenvolvimento Humano**, produzido pelo Instituto, com o apoio da Unesco, e publicado pela Editora Saraiva de São Paulo, 2004:

Integrando-se ao programa Sua Escola A 2000 Por Hora, uma equipe de estudantes e professores, coordenados pela professora de história Neusa Maria Pupe, seleciona a questão ambiental como tema de trabalho. Em lugar de uma abordagem puramente teórica, a equipe estuda o Rio Ururaí, vizinho à escola, que está minguando, por desrespeito a seus ecossistemas. Profissionais especializados são convidados a conversar com os alunos, ensinando-lhes muito sobre o meio-ambiente. Sensibilizados, alunos e professores resolvem agir para salvar o rio.

Como descobrem que uma das causas do problema é o desmatamento, tomam como primeira medida reconstituir a mata ciliar do Ururaí. Sementeiras de espécies nativas são preparadas no próprio colégio. Depois, as mudas são replantadas numa área à beira do rio, já contando com o apoio de uma usina de açúcar, considerada uma das responsáveis pelos problemas do Ururaí, devidamente convertida pela equipe à causa do reflorestamento.

Na hora de plantar as mudas crescidas, espalhando-as à beira do rio, a equipe mobiliza toda a comunidade, através de uma peça de teatro sobre o Ururaí.

Como entra a tecnologia da informação nesse projeto, batizado de Ururaí *na Palma da Mão*? Dá suporte às ações, gera desdobramentos. Por exemplo, a equipe faz um estudo sobre lixo doméstico, através da internet, descobrindo como a população local se livra dele. Em seguida, motiva a população a se comprometer com coleta seletiva do lixo. Na medida em que tudo isso é disponibilizado *online* pela equipe, interessados entram em contato, buscando conhecer melhor o projeto. Através de um de seus pesquisadores, a Universidade de Michigan, nos Estados Unidos, acaba se tornando parceira virtual da iniciativa, fornecendo periodicamente informações sobre reflorestamento, pela via eletrônica.

O que temos aqui, até agora, é que o Instituto, com o tempo, demonstra ter absorvido essas abordagens de ponta sobre educação para o século XXI, assim como acaba gerando seu próprio método educativo.

O programa inicial de toda a história da organização, o Esporte Talento, não só se transforma em algo mais amplo, o Educação Pelo Esporte, como se constitui numa espécie de matriz de toda a metodologia educativa do Instituto, com o novo nome de Educação Para o Desenvolvimento Humano Pelo Esporte.

A atividade esportiva é tomada como meio para o desenvolvimento de competências para a vida, começando pelo autoconhecimento, abrangendo qualidades de interação — reconhecimento do outro, convívio com a diferença, convívio em grupo —, avançando para temas como a saúde, a corresponsabilidade de cada um para com o bem-estar social geral. E assim por diante.

O que se quer é o desenvolvimento pleno da pessoa, compreendendo sua inteligência e sensibilidade. Busca-se o desenvolvimento de seres humanos livres no pensar, no imaginar e no agir, comprometidos com a melhoria da sociedade, a partir do seu próprio lugar e tempo no mundo. A educação se organiza sobre a construção de um universo de princípios como a valorização da vida, o autodomínio — dos próprios sentimentos —, o autocuidado — do corpo, da mente, da sexualidade —, a autodisciplina.

Tudo isso conduz à ampliação da identidade, desenvolvendo características como a autoestima e a autoconfiança, daí continuando para o desenho de um projeto de vida, que por sua vez é essencial para a descoberta de um sentido do viver, para o fortalecimento da autodeterminaç essencial para a descoberta de um sentido do viver, para o fortalecimento da autodeterminano agir, comprometidos com a melhorião. O projeto de vida associa-se ao engajamento do jovem em ações proativas de transformação social.

Esse aspecto do ideário do Instituto é expresso dessa forma, no livro **Educação Pelo Esporte — Educação Para o Desenvolvimento Humano Pelo Esporte**, publicado pela Editora Saraiva:

Cabe à educação levar os educandos a compreender o mundo que os rodeia, os desafios que apresenta, e prepará-los para assumir o papel de corresponsabilidade em relação aos seus destinos, tornando-os capazes de contribuir de forma criativa para o aperfeiçoamento das instituições, das ideias e dos padrões de justiça vigentes; e capazes de lutar contra os problemas que afetam a sociedade — a partir da sua ação cotidiana e do lugar social que ocupam.

Como constata, o Instituto evolui ao longo do tempo, saindo de uma resposta reativa à demanda genérica das necessidades sociais em educação, para uma posição de intervenção proativa, focada em problemas específicos do setor e trazendo junto com suas respostas um modo diferenciado de ver e fazer educação.

Já seria uma contribuição notável. Mas assim como Senna estava sempre buscando superar limites na pista, a equipe do Instituto estabelece novas e ambiciosas metas, tão pronto supera um obstáculo. Por isso, resolve criar um mecanismo de transmissão do seu *know how* educacional: implanta um programa de formação de docentes.

Outra frente de trabalho aberta é a gestão escolar. A certa altura, o Instituto percebe que não bastava ter desenvolvido um modo todo peculiar de atuar na área educacional, nem era suficiente formar professores. Seria necessário transmitir aos educadores o *know how* de gestão desse tipo de ação, numa frente, e noutra, engajar a iniciativa privada em programas de corresponsabilidade social, apoiando as iniciativas educacionais.

Veja como lhe parece. A mim, essas realizações já seriam provas consideráveis do extraordinário trabalho que o Instituto está fazendo.

Como nota, o leque de atuação do Instituto é agora bastante amplo. A mudança de perfil e escopo de atuação mudou significativamente. O Instituto analisa problemas específicos de educação, propõe métodos de solução, forma professores, transfere modelos de gestão escolar, gera conhecimento novo, aplicável, dissemina esse conhecimento entre especialistas. O que faz, grandioso e extraordinário, é resumido nas palavras de Viviane, naquela entrevista para a **Gallery Leaders — Business Style**. As *tecnologias sociais* de que fala, com altos níveis de eficiência, "são equações, ´vacinas´ para problemas que afetam ou impedem o desenvolvimento humano de crianças e jovens", explica.

As tecnologias sociais não são apenas propostas teóricas. Pois o Instituto une o pensamento à ação, como grande centro aglutinador de esforços. Vai à luta, estimula, impulsiona, dispara processos, buscando parcerias em setores estratégicos.

Um dos setores é o poder público. Para dar uma ideia da influência do Instituto nessa esfera, sete Estados brasileiros —, Pernambuco, Paraíba, Sergipe, Tocantins, Maranhão, Piauí e Rio Grande do Sul —, além do Distrito Federal, adotam um ou mais dos programas desenvolvidos pelo Instituto como integrantes de suas políticas oficiais de educação.

No setor privado a influência também se faz presente. Além de investimentos corporativos em programas do Instituto, a iniciativa de um grupo representativo do empresariado, Líderes Empresariais, chama a atenção deste autor. A organização criou uma extensão de ação social, o EDH — Empresários pelo Desenvolvimento Humano —, investindo corresponsavelmente em iniciativas do Instituto, como os programas Se Liga e SuperAção Jovem.

Essa exuberância de ações, inteligência aplicada e dedicação à causa social, através da educação, conduz o Instituto em 2003 a um patamar inédito de prestígio, sendo escolhido pela Unesco como integrante de um programa mundial de cátedras. O programa visa incentivar a cooperação entre universidades, mundialmente, para a aplicação do conhecimento em prol do desenvolvimento humano e das nações. Receber um status de cátedra significa que a entidade agraciada é reconhecida por um alto grau de engajamento nessa causa. Significa também que a instituição se compromete a gerar e disseminar conhecimento aplicável e a estar disponível a compartilhar seu *know how* em caráter planetário.

A Cátedra Instituto Ayrton Senna — Unesco de Educação e Desenvolvimento Humano é a única do mundo, em sua categoria, outorgada por esse órgão da ONU a uma ONG.

Esse amplo campo de ações em diversas frentes só é possível porque uma força aglutinadora consegue a adesão de tantos e tão diversos participantes, formando uma complexa rede de intervenção social transformadora. Essa força aglutinadora tem como abre-alas um poder quase mágico.

"Meu irmão mostrou, em 34 anos, como alguém pode dar certo se for pautado por valores como determinação, motivação, superação, orgulho de ser brasileiro", comenta Viviane. Continua:

— Essa sua postura na vida pessoal e nas pistas foi assimilada como parâmetros de vitória — com ética e trabalho duro — pelos brasileiros. A emoção de suas conquistas na Fórmula 1, que faziam de nossos domingos mais que especiais, cheios de adrenalina, unia toda uma nação. Tudo isso está até hoje no imaginário dos brasileiros e de pessoas de todo o mundo. É essa força que abre portas e que conquista os corações. É essa força que, diariamente, estimula aquele professor que vive nos confins do país, que tem poucos recursos, a não abandonar sua missão. A trabalhar com o Instituto para que crianças e jovens possam dar certo na vida. Também é essa força que motiva meninos e meninas, antes analfabetos, repetentes, desacreditados pelos professores, colegas e família, a dar a sua virada. A compreender que são capazes de aprender, de seguirem em frente. Por Ayrton Senna, as pessoas se mobilizam, arregaçam as mangas e dão o melhor de si. Ele inspira, em cada um de nós, aquilo que trazemos de mais precioso.

O nome abre portas. Mas o que avança para dentro dos gabinetes das grandes reuniões e visita as salas dos poderes decisórios é esse outro componente da mesma força realizadora, uma sua outra face. Vestida de suavidade, a força transporta um poder de persuasão quase oculto, para quem olha menos atento a figura no palco, encerrando o show de abertura do Ano Ayrton Senna, naquele 20 de março de 2004, no Estádio do Pacaembu, em São Paulo.

Ah, estamos de volta àquela noite especial! Não chove mais, a temperatura é amena.

O recato de Viviane talvez a impeça de enfatizar o nome do irmão, lá na frente e no alto. Mas o público, em princípio tímido e depois com maior vigor, vai crescendo um coro que ecoa no estádio, por alguns minutos revivendo outra era de domingos de glória nas pistas.

— *Olê, olê, olê, olá, Sennâ, Sennâ!.*

O Ano de Ayrton está começando. O ano em que será apontado como ídolo dos 245 atletas brasileiros que participam das Olimpíadas, na Grécia. O ano em que será eleito, pela revista inglesa especializada Autosport, o melhor piloto de todos os tempos.

Mas o nome não se limita mais às páginas do tempo das corridas de automóveis. Ocupa ali um lugar de honra. Transborda para além delas, porém. Os atributos que representa não ficam restritos à sua Jornada de Herói. Escorrem para outros campos de vidas, luzes inspiradoras de outras jornadas possíveis, banhando potenciais heróis do cotidiano. Tampouco o ano que lhe é atribuído se restringe ao indivíduo. Extrapola, lança raízes esperançosas em novas e múltiplas direções.

Viviane, a embaixatriz da mesma força que seu irmão representa e que talvez durma, abandonada e atrofiada pela inconsciência, nas entranhas de muitos de nós, encerra a noite:

— Ele foi um brasileiro que deu certo, não só pelo talento, mas pela garra, perseverança, disciplina, ousadia, coragem. Princípios que valem para qualquer país dar certo, para qualquer pessoa dar certo. Valores que podem fazer de todos os campeões na vida.

Uma porta para a vida

Tem música ao vivo na Praça Ayrton Senna. O palco é modesto, a garotada faz alarido, feliz, e a pequena banda Abraço da Paz começa a dar seu recado. Uma manhã ensolarada, 10 de dezembro de 2005. O show tem motivo duplo. Celebra-se o fim de ano das atividades, mas o nome do show remete a outra celebração sobreposta: *10 Anos Com Muito Talento*.

Tudo começa aqui, no Centro de Práticas Esportivas da Universidade de São Paulo, o Cepeusp. Em agosto de 1995, decola a primeira iniciativa do Instituto Ayrton Senna, o Projeto Esporte Talento. Já faz muito tempo e tanta coisa aconteceu, tantos sonhos rolaram, tantos outros projetos brotaram, como flores que se abrem num campo de primavera. Tantas histórias de vidas em progresso que deram um passo a mais ou dois, ou dez, que caminharam distâncias enormes forjando um outro rumo para seus destinos. Há também as histórias dos que retrocederam, algumas de quem não conseguiu se sintonizar com a oportunidade e a perdeu.

Mas hoje é dia de festa. De comemorar os casos humanos de sucesso. Como o da cantora da banda, Karina Pires da Silva Rosa, prestes a completar 20 anos de idade em janeiro de 2006. Agora ela está no centro do palco, de volta a este território de aprendizagem de vida, por onde andou um bom tempo. Traz sua contribuição para essas meninas e esses garotos que espelham o seu próprio passado recente. E se doa cantando. Em inglês. Por isso talvez eles não prestem tanta atenção. Mas ela insiste, confiando no poder da música que canta. Repete o refrão de ritmo hipnótico de um dos maiores clássicos da história do rock, a composição que Bob Dylan faz correr mundo quando lança o álbum **Pat Garret & Billy the Kid**, em 1973:

Knock, knock, knockin´ on heaven´s door
Knock, knock, knockin´ on heaven´s door
Knock, knock, knockin´ on heaven´s door
Knock, knock, knockin´ on heaven´s door

A letra de **Knockin´** On Heaven´s Door é simples, mas direta e universal, como toda música genial. Composta para um filme, refere-se, em princípio, a um xerife que ferido de morte, sente-se *batendo à porta do céu* e pede à mãe para tirar-lhe o distintivo do peito, depositar-lhe as armas no chão. O tema de fundo, porém, é a inevitabilidade do fim da vida, em certo ponto da nossa trajetória. Ao mesmo tempo, é entendida por muitos como uma alusão à necessidade de se cultivar a humildade e buscar-se o apoio espiritual sem o qual viver pode tornar-se uma aventura por demais difícil.

Bater na porta do céu pode ser também, aventuro, analogia ao pedido de oportunidade para viver. E o *céu*, desconfio, não é algo apenas transcendente, distante; é também imanente, transposto para situações corriqueiras que incorporam algum valor da sua fonte original maior. Às vezes nos resta pedir um pouco de *céu* a quem tem; às vezes estamos em posição privilegiada de oferecer algum tipo de céu para quem precisa.

J. R. T. O. tem 14 anos quando comenta sua participação em dois programas do Instituto. Esse e outros casos vão entrar intercaladamente neste texto. Antes, o menino era irrequieto em sala de aula, bagunçava, recusava-se a aceitar um "não". Depois, toma consciência de uma mudança importante. Um dia, caminhando com um colega analfabeto, sente orgulho de conseguir ler uma placa na rua e traduzir o significado para o outro. Percebe pela primeira vez que na escola se aprende muita coisa boa. Que as plantas respiram, por exemplo, e que não se deve desperdiçar água.

As crianças e os adolescentes deste dia de festa na sede do Projeto Esporte Talento recebem e dão seus *céus*. Há algumas dezenas delas por aqui. Algumas mães, uns poucos pais e um ou outro parente também estão presentes, alguns já bem à vontade, outros ainda explorando o território com certa timidez, sob o toldo de faixas coloridas, vermelhas, brancas, azuis, lilases.

Cada jovem participante do Projeto recebe de presente um CD contendo fotografias que registram o que quer que tenham feito durante o ano. Esportes que jogaram, artes que criaram, coisas que aprenderam, brincadeiras que não esquecem, amizades que construíram. Dão em troca risos e abraços, comentam, mostram, compartilham.

Muitos dos jovens, os mais velhos, estão terminando seus quatro anos de participação no Projeto. Já não estarão aqui em fevereiro de 2006, quando uma nova leva de cerca de 150 participantes chegará para substituí-los e percorrer seu próprio ciclo de quatro anos. Os professores e bolsistas da equipe de coordenação também abraçam e são abraçados, é uma despedida com afeto. No palco, só podem se apresentar educadores e alunos, nada de músicos profissionais que não tenham a ver com o Projeto.

É ali que segue Karina, na banda da qual participam o pai, a mãe e o irmão mais novos, pronta para o último número. Desta vez, a alegre plateia responde com entusiasmo, canta junto um trecho ou outro, entende e se liga. A música soa mais do que apropriada, especialmente para os que vão se lançar no mundo, já sem esse cordão umbilical que de algum modo os nutriu, amparou e protegeu por um bom tempo. É Preciso Saber Viver, de Roberto e Erasmo Carlos:

Quem espera que a vida
Seja feita de ilusão
Pode até ficar maluco
Ou morrer na solidão
É preciso ter cuidado
Pra mais tarde não sofrer
É preciso saber viver

E mais:

Se o bem e o mal existem
Você pode escolher

É preciso saber viver
É preciso saber viver
É preciso saber viver
É preciso saber viver

P. B. S. tem 20 anos, é monitor desse projeto pioneiro do Instituto, quando registra que entrou para o programa Educação Pelo Esporte em 1996, praticando canoagem. E então descobriu que educação física não é só competição. Aprendeu com o esporte a construir seu papel de cidadão, a se comportar na vida, a edificar sua identidade. Mais do que tudo, descobriu a autoconfiança: sente-se capaz, tem noção de que faz diferença na sociedade. Disputa torneios, competiu internacionalmente.

Para alguns, o aprendizado de vida não tem a ver com o charme de uma competição esportiva oficial. O obstáculo pode ser visceral, orgânico. Mas o desafio é igualmente enorme. K. V. B. P. tem 21 anos quando conta que, epiléptico, tinha muita dificuldade na escola. Repetiu a primeira série por sete anos. Quando estava na terceira série, a família o colocou no programa Acelera. Não repetiu mais. Depois, em colégio particular, cursou o supletivo em quatro anos.

A Abraço da Paz já terminou sua apresentação. Uma barraquinha vende picolés e frutas, muita gente aplaca o calor. Saímos da Praça — Karina, os integrantes da banda e eu —, entramos nas instalações modestas do Projeto Esporte Talento, um espaço estruturado em pequenas salas sob a arquibancada do estádio do Cepeusp. Enquanto caminhamos pelo corredor, vemos penduradas na parede diferentes fotografias de Ayrton Senna. Cada foto faz menção a um valor representado pelo piloto e, por isso, tem um título temático. **Sonho. Determinação. Superação. Perfeição. Vitória.** São agora reconhecidos como os **valores de Senna.** Remetem a uma atitude de vencedor na vida.

Vamos para o fundo, para a última sala à esquerda, um pouco mais protegida do barulho que cresce à medida que a garotada se solta na festa. Lá no palco, um educador tenta contar uma piada, duplas são improvisadas para cantar, aplausos, vaias, assobios, apupos e muitas risadas cortam o ar, chegam até aqui. Porta fechada, podemos conversar com certo sossego. Karina conta sua história:

— Sempre morei aqui no Butantã, próximo a uma das portarias de pedestres que dá acesso à USP. Eu estava na Escola Amorim Lima, indo para a oitava série, quando entrei para o Projeto preenchendo uma das fichas de inscrição que eles distribuem nas escolas da região. Eu tinha 13 anos.

Quando começa a participar, Karina encontra uma configuração do Projeto diferente do que é hoje.

— Era mais voltado para o esporte. Então eu entrei na modalidade handebol e fiquei uns três anos e meio jogando. Após isso, ocorreu a mudança para Educação Pelo Esporte. Para muita gente foi ruim, até vi que muita gente se afastou. Mas para mim foi ótimo. O que é o Projeto hoje? São várias vivências e todas as crianças de oito a 17 anos passam por todas as modalidades esportivas. E é mais voltado para a educação, mesmo.

O que a atrai para o Projeto, quando decide participar?

— O que me interessou mais foi o ambiente, o que eu vi das pessoas, de quem auxiliava a gente na educação. E o esporte, que eu gostava muito de handebol. Com 17 anos, eu tive que sair do Projeto. Mas aí eu fui para o programa Jovem Protagonista (*também apoiado pelo Instituto Ayrton Senna*) onde havia seis professores que vieram daqui, na parte da manhã.   Foi um ano. Era uma coisa mais teórica, de discussões sobre o ECA, despertando ideias.

O ECA é o Estatuto da Criança e do Adolescente, sancionado como Lei 8.069 em 13 de julho de 1990, pelo então Presidente da República Fernando Collor de Mello. Prossegue Karina:

— Depois disso eu fui trabalhar na Mobitel, uma empresa de telemarketing que procurou o Instituto Ayrton Senna e levou daqui, se não me engano, 16 jovens para trabalhar lá. Trabalhei até setembro de 2005, e aí vi que não era bem isso o meu futuro. Foi um caminho novo que eu conheci, mas a gente tem sempre aptidão para certa coisa. No meu caso é a educação. Desde o começo do ano estou fazendo pedagogia na Uniban, em Osasco, com uma bolsa de 25%.

A Uniban é a Universidade Bandeirante de São Paulo e Osasco é uma cidade da região metropolitana, na capital paulista, não muito distante da USP. Ali Karina trabalha uma vocação para a qual leva o mais importante legado de sua participação nos dois programas:

— O jeito com que os educadores lidam com os jovens, quanto ao esporte. Você faz o jogo e dentro do jogo consegue absorver o que se passa na mente da criança. O esporte é como um mediador entre a família e a escola. Como educanda, já no Programa Jovem Protagonista, que é voltado mais para a didática, mesmo, eu conseguia perceber isso. Já me decidi e, no ano que vem, volto aqui para o Projeto, como bolsista, participando agora como estagiária. Quero passar todas as experiências que tive. Quero tentar entender o que se passa com as crianças e tentar ajudar.

Edmilson Pires da Rosa, pai de Karina e de Gabriel, cinco anos:

— Sou serralheiro, tenho uma pequena empresa aqui no Butantã. Tudo o que era bom para a Karina, eu procurei. Assim que ela começou a participar do Projeto, a gente teve a certeza de que seria uma boa. A gente via que ela chegava em casa calma, com ideias novas, até ensinando a gente. De uns anos para cá, a gente tomou consciência de que não se deve sujar as vias públicas. Hoje, todo papel de propaganda que eu pego, jogo no assoalho do meu carro e, depois, a gente faz uma limpeza no carro e joga tudo no lixo. Ela me chamou a atenção sobre isso um dia, e a família inteira nunca mais esqueceu essa lição.

Edmilson se identifica como o tipo de pai que acompanha o que os filhos fazem. E dá sua contribuição direta:

— Em todos os seis anos que a Karina ficou aqui, a gente fez o encerramento com o nosso violãozinho, dando essa nossa participação, com a banda. A gente vê que as crianças são comportadas, não precisam de grito, nem de berro para elas ficarem em paz. Elas são educadas com um gesto de carinho. Como trabalho muito por aí, vejo que há muitas escolas, até pagas, com crianças de classe média e classe média alta, que a gente vê que não são como as daqui; fazem bagunça demais. As crianças daqui têm mais consciência e essa consciência elas levam para a juventude, para a maturidade e para os filhos que vão ter futuramente.

Rosimeire Pereira da Silva Rosa, a mãe:

— Eu só tenho que agradecer. Agradecer a filha que tenho. Agradecer ao pessoal que ajudou a gente a criar ela. A gente não ia ter condições de colocá-la num esporte, por exemplo, ensinar tudo o que ela aprendeu aqui. Com isso ela foi crescendo com uma cabeça boa. A amizade que ela adquiriu aqui também foi uma coisa ótima.

Karina era muito pequena quando Senna corria. Lembra-se de algo, na televisão. Mas o mais marcante acontece quando já está no Projeto:

— Foi o jornal que a gente fez para lembrar dele. Cada faixa etária tinha uma visão sobre ele. A gente juntou isso e montou um jornal, que também falava do Projeto e dava uma síntese dos outros projetos. Eu fui até o Instituto para ver como são feitos os desenhos do Senninha. Vi os troféus do Ayrton Senna, e a gente sente que tudo o que ele queria passar está presente. E se não fosse também a Viviane Senna, isso não estaria assim tão mais à frente. Ela tem uma força enorme.

No Ceará, a força que E.D.A.R. precisa expressar combate não um obstáculo fisiológico, mas anomalias sociais que ameaçam boa parte da juventude brasileira de baixa renda. Tem 21 anos e é aluna de uma ONG parceira do Instituto, quando compartilha sua vitória. Foi participar do programa Educação Pela Arte, onde aprendeu balé, coral e teatro. Mais do que tudo, conquistou dignidade e uma autoimagem positiva, vencendo as armadilhas de seu meio social, onde a droga e a prostituição ameaçam o futuro das meninas. Encontrou um caminho, tornando-se professora de dança, teatro e psicomotricidade numa creche. Também ensina, como voluntária, técnica vocal e de respiração, no bairro onde mora.

A entrevista termina. Karina e os seus vão para a Praça, poucos metros adiante, continuar sua confraternização, socializando o retorno em breve ao Projeto, agora como estagiária bolsista, pouco mais de um ano após ter passado por aqui como estudante.

Converso então com Marcos Vinícius Moura e Silva coordenador do Projeto Esporte Talento. Formado em Educação Física e Administração de Empresas, Vinícius incorpora-se no início, começando como estagiário em 1995. Reconhece os avanços de todos esses anos, mas tem visão crítica. Vislumbra o quanto ainda precisa ser feito:

— Desde o começo, sempre houve um vínculo afetivo muito forte entre os educadores e os educandos. Acho que essa relação ajuda bastante. Outra coisa positiva é a postura nossa de acreditar na possibilidade de uma sociedade diferente. Esta equipe tem uma postura autocrítica de tentar manter uma coerência. É difícil, às vezes você fica em dúvida com algumas coisas, se a gente faz ou não, por que faz. Hoje, a perspectiva que se faz necessária é a de articulação com a comunidade, para que os resultados causem mais impacto. Mesmo você trabalhando com um sentido de convivência, ainda encontra um individualismo muito forte. Talvez o que a gente faça, de desenvolvimento de competência, sirva para aquele indivíduo se dar bem, ter uma vida melhor.

Aqui está um ponto crítico:

— Mas a questão não é ele se dar bem e sair daquela comunidade. A questão é ele se dar bem e ajudar essa comunidade a se desenvolver também. Mas isso é complicado. Tem a questão de outras forças, como o tráfico (de drogas). É muito complexo. O investimento é na articulação comunitária. O trabalho tem que ser articulado em rede. E há a necessidade de se cutucar e construir as políticas públicas. Vejo também, com muito cuidado, a necessidade de até o terceiro setor agregar algumas características de mercado. O investimento tem que ser maior em associações de bairro, como fator de política social.

O trabalho atual já busca ampliar o vínculo com escolas e famílias. Outro fator junta-se a esse desejo de vínculo comunitário mais forte. Comenta Vinícius:

— Foram surgindo redes de instituições, aqui na nossa região, e a gente começou a participar dessas redes. Por mais que a gente queira fazer o trabalho, a gente vai ser incompleta, tanto individualmente quanto como instituição. Daí a necessidade de articulação de instituições sociais. A gente já faz parte de três redes e isso vai criando novas relações.

Para levar adiante o trabalho, o Projeto conta com uma equipe de cerca de 35 pessoas, das quais uma boa parte é constituída de estagiários de Educação Física, Psicologia, Pedagogia e Artes com bolsa-trabalho da USP. A equipe central de coordenação conta com nove profissionais. São atendidas cerca de 300 crianças e adolescentes por ano, divididas em grupos de faixas etárias, dos oito aos 17 anos. Os educandos frequentam o Projeto toda segunda, terça, quinta e sexta-feira, das oito às 11 horas e das 14 às 17 horas.

Se as questões sociais do entorno são dolorosamente complexas numa grande e caótica metrópole como São Paulo, talvez um grau menor de complexidade, em outras cidades, possibilite ações de transformação social mais diretas.

D. Q. lembra-se, aos 18 anos, de quando entrou para o SuperAção em 2002, no Distrito Federal, sem ideia alguma do quanto iria mudar e do quanto poderia fazer na escola. Com colegas, criaram primeiro uma rádio, depois um time de vôlei que se tornaria profissional. No começo, eram dois professores e os jovens do SuperAção, apenas. Depois, praticamente a escola inteira se envolveu nos projetos da turma, que incluiu abrir a quadra da escola para a comunidade, à noite, trazendo os pais e amigos para compartilhar tanta coisa boa que estava surgindo. Uma delas foi a mobilização para transformar uma área abandonada, depósito espontâneo de lixo, em parque ecológico.

A experiência extrapolou sua escola. D. Q. integrou-se à Caravana Jovem que passou a visitar outras escolas associadas ao SuperAção, no Distrito Federal. O principal motor do entusiasmo é mostrar que os jovens podem fazer diferença no mundo. E que mesmo os alienados, quando descobrem o que podem fazer, também embarcam na aventura de realizar mudanças rápidas que beneficiam a sociedade.

Aqui em São Paulo, o que está correndo solto agora é uma batucada. Tamborins agitados, uma turma se libera, arrisca apresentar-se para um número artístico no palco. É o ponto auge da festa. Depois, em contraste, virá um número de violão e música suave. As pessoas começarão a se dispersar, pequenos grupos se dirigindo para o ponto de embarque do transporte gratuito que garante o retorno às portarias principais da USP.

Estou para fazer o mesmo. Quando vejo, porém, um singelo arranjo de flores, na lateral da Praça Ayrton Senna, faz-me lembrar outro personagem da vida real que habita a história destes 10 anos de Projeto.

Wellington Souza Siqueira Lins Leite tem 21 anos e é jardineiro no Cepeusp. A posição social humilde não o impede de demonstrar firmeza na voz, autoconfiança no olhar e um ar de dignidade, diante desse estranho — eu, o escritor —, na situação inusitada de estar sendo entrevistado por um repórter de meia-idade e cabelos brancos. Sua história:

— Meu pai é jardineiro também e minha mãe trabalha no Instituto Adolfo Lutz, de pesquisa. Fiquei sabendo do Projeto através do meu tio Flávio, que trabalha ali no Centro de Computação Eletrônica, no campus. Como eu já jogava futebol, ele me falou que tinha o Projeto rolando aqui. Eu tinha 10 ou 11 anos e foi assim que vim conhecer a USP. Entrei na área do futebol. Eu vinha de ônibus, sozinho. Todo o mundo se encontrava logo cedo, tinha o café da manhã e uma palestra com o professor. Depois tinha uma atividade no campo de futebol ou no pátio, ou no campo atrás da piscina. À tarde eu ia estudar, aqui mesmo no Cepeusp.

O convívio com os professores e a vontade que vai despertando de imitá-los, começa a preparar Wellington para um projeto de vida:

— Você acaba sempre querendo ser o professor. Se você gosta de esporte, quer sempre ajudar o professor levando o saco de bola, "oh, professor, vou pegar os cones pra você". Quando saí do Projeto e já estava no ensino médio, eu já sabia o que queria: fazer Educação Física. Saí com outra cabeça: "Quero ser igual ao professor Marcos, à professora Miriam, ao professor Maykell, que eram os que conviviam mais com a gente no dia a dia." Se houvesse desentendimento dentro do grupo, eles resolviam através da amizade. Aprendi com eles o modo de tratar as pessoas, eu saber pedir desculpa, pedir perdão. Aprendi a lidar com coisa boa e com coisa errada.

Quando termina a participação no Projeto, Wellington vai trabalhar como jardineiro, ajudando o pai, que é profissional autônomo. Depois de várias tentativas frustradas para conseguir emprego, o sempre aliado tio Flávio alerta para uma vaga na USP. Conta:

— É coisa de Deus, mesmo. Fiquei em segundo lugar, com diferença de 0,25 na nota. Aí a pessoa que tinha passado em primeiro lugar desistiu e eu fui chamado. Entrei para trabalhar na jardinagem do Cepeusp, onde eu tinha passado quatro anos da minha infância. No primeiro dia de trabalho, em agosto de 2004, assim que passei pelo Departamento do Pessoal, o primeiro lugar que vim visitar foi aqui o Projeto, cumprimentar as pessoas.

Desde o início de 2005 Wellington é aluno de Educação Física na Unip, a Universidade Paulista.

— Minha vontade é um dia estar aqui dentro do Projeto, como professor, estar junto com eles, passar para as crianças o que passei no Projeto.

Ayrton Senna?

— Quando eu estava junto com os meus colegas e falava que participava de um projeto do Instituto Ayrton Senna, a primeira coisa que perguntavam era, "você viu o Ayrton Senna? Você o conheceu?" A morte dele chocou muito, mas a criança acaba esquecendo que ele morreu. Eu acabava passando para eles o que aprendia aqui dentro. Nem todo o mundo consegue entrar para o Projeto. O que vejo, agora, é que o nome Ayrton Senna acaba influenciando muito. Se você for trabalhar em algum lugar e contar que fez um projeto do Instituto, influencia muito. É o que ele foi como pessoa e o que o Instituto faz pelas crianças. Ele tinha uma estrela muito especial dentro dele. Para mim, ele acaba sendo um herói, tanto na pista quanto o que conquistou fora dela. Admiro a força de vontade dele e a humildade em qualquer situação.

J.M.A. tem 18 anos e participa do SuperAção Jovem no interior de São Paulo, quando revela qualidades associadas ao nome de quem deu partida a esse sonho tornado realidade. Morando num bairro cujo posto de saúde mais próximo fica a cinco quilômetros, lidera sua equipe num projeto para construir um posto local.

No começo, os jovens não tinham terreno, cimento, nada. Mobilizaram 200 moradores, conseguiram que o pai de um funcionário da escola doasse um pedaço de terreno e bateram de porta em porta, pedindo doações. Ganharam cal, ferro, blocos de cimento. Fizeram mutirões, conseguiram a adesão de dois pedreiros.

Depois de muito esforço e alimentos doados para o almoço dos participantes durante os mutirões, o posto ficou pronto, com cinco cômodos, incluindo cozinha, sala de espera, dois banheiros e o consultório. Os remédios foram doados por uma farmácia. Determinados como Senna, depois dessa missão os jovens planejavam construir uma praça.

Pausa. Breque. É hora de refletir um pouco. Abro o caminho. Venha junto. Vale a pena.

As histórias das vidas humanas têm pelo menos duas faces narrativas, creio. A primeira é a sequência dos acontecimentos, das situações, dos desafios, das interações, das parcerias, dos confrontos e dos conflitos que o protagonista enfrenta. Tem a ver com as realizações concretas, palpáveis. A segunda é o significado simbólico que cada história de vida carrega. Tem a ver com a dimensão metafórica.

É essa dimensão que retira a vida do seu contexto particular, datado e circunscrito às condições singulares do personagem central, remetendo-a para o mundo, permitindo seu entendimento simbólico por outras pessoas, até mesmo por outros povos de tradições culturais completamente distintas. A dimensão simbólica universaliza as histórias individuais, transporta-as de volta ao coletivo, insere-as na trajetória de fundo de todos nós, a trajetória da espécie humana.

A teoria literária tem uma abordagem própria para isso. Diz que toda história contém um enredo — as condições particulares da narrativa, com personagens geográfica e historicamente situados, nominados e identificados individualmente —, assim como um tema — isto é, a dimensão simbólica universalizadora e subjacente ao enredo concreto.

Os elementos do enredo têm mais a ver com a nossa consciência convencional, nossa forma mais corriqueira de compreensão das coisas. Os elementos temáticos já pertencem ao campo do inconsciente coletivo, transitam pela questão dos arquétipos, envolvem a ideia da sincronicidade. São conceitos provenientes da psicologia de Jung, conforme apresentei no primeiro volume deste livro.

A vida de uma superestrela pública como Ayrton Senna leva ao extremo as possibilidades de narrativa de sua história sob as duas perspectivas. Está claro que a proposta deste autor é compartilhar prioritariamente uma possibilidade de leitura da componente simbólica, trabalhando da melhor forma possível os elos de conexão entre as duas dimensões.

Na verdade, a realidade é uma só, estruturada em níveis diferenciados que estabelecem entre si complexas interações sistêmicas. Tudo está interligado de alguma forma e em alguma medida, num processo dinâmico de intercâmbio mútuo.

Para se compreender o nível simbólico de uma história de vida, considero pertinente não só a aplicação das propostas de Jung, mas também o emprego da Jornada do Herói. É uma formulação conceitual nascida nos estudos do extraordinário mitólogo norte-americano Joseph Campbell e depois integrada ao campo da narrativa cinematográfica, juntando-se as contribuições desses dois luminares do conhecimento contemporâneo.

Estudando a mitologia, Campbell constata que os mitos não são uma exclusividade das culturas antigas e ditas primitivas. Mostra que a nossa sociedade contemporânea contém uma face mítica também. Defende que os mitos são universais, fertilizando o imaginário, a criatividade e a capacidade realizadora das culturas de todas as épocas e de todos os lugares.

Dentre os mitos que estuda, Campbell encontra a figura do herói. Constata que, apesar das variações próprias a cada povo e cultura, o mito do herói apresenta um padrão de características que é universal. Um dos elementos universais é a Jornada: o herói é chamado, convocado ou impelido pelas circunstâncias a uma aventura. Abandona sua rotina de vida para enfrentar desafios, provas, adversários e perigos que o fazem testar seus limites, superando-os ou naufragando no intento. No percurso, aprende com mentores como lidar com as situações que se apresentam no caminho, tem o apoio de aliados, convive com vira-casacas que de amigos se tornam inimigos ou vice-versa, confronta adversários poderosos, chega ao extremo de suas forças. Se é bem-sucedido, tem uma recompensa, retornando para casa transformado.

A essa perspectiva do campo mitológico, acrescenta-se a leitura psicológica de Jung, ajudando-nos a perceber, na Jornada, uma dimensão interna, sutil. Ao mesmo tempo em que se envolve em uma sequência cada vez mais desafiadora de ações externas, o herói navega também em uma jornada interior. Deve conhecer-se de um modo diferenciado ao habitual, desenvolver novos talentos, descobrir forças que se aliam ao seu esforço, aprendendo a interagir eficazmente com elas. A Jornada do Herói é, portanto, uma viagem de iniciação e de transformação. É uma trajetória, em última instância, de individuação, ou de ascensão do eixo psíquico do indivíduo do ego para o Self, nos moldes discutidos simplificadamente no primeiro volume desta reportagem-ensaio.

Este conhecimento já está estabelecido por esses dois grandes pesquisadores da alma humana quando um consultor de roteiros de cinema em Hollywood, Christopher Vogler, comprova que a Jornada do Herói se constitui de fato numa estrutura narrativa. E que essa estrutura espontaneamente aparece subjacente às narrativas da literatura. Encontra algo também nas outras formas narrativas, sistematizando então um modo de aproveitamento disso na construção de roteiros cinematográficos.

Grandes diretores contemporâneos do cinema norte-americano, como Steven Spielberg e George Lucas — que foi amigo de Joseph Campbell —, empregam essa forma narrativa.

Quando travo contato com essa abordagem, percebo que sua aplicação transcende o território da narrativa de ficção. Vejo que, com as devidas correções e os devidos ajustes, pode ser empregada em narrativas de histórias de vidas reais. Trago-o então, experimentalmente, para o nível de pós-graduação do meu trabalho de pesquisador e professor da Escola de Comunicações e Artes da USP.

O herói da mitologia realiza grandes feitos, às vezes sobre-humanos. O herói do mundo de carne e osso, para mim, é aquele que simplesmente tem o desafio de crescer e evoluir, com isso superando seus próprios limites, mesmo que pareçam pouco desafiadores. O herói é o realizador de grandes façanhas, como Ayrton Senna, tricampeão do mundo. O herói é também K. V. B. P., dominando seu problema de saúde, passando no vestibular. A heroína é Viviane Senna, que leva adiante com tamanho brilho o sonho esboçado do irmão. A heroína é também E.D.A.R., que evita os perigos tentadores do seu meio social e avança para um outro mundo de realizações, embarcada no carro de fogo da arte e da dança.

Há um componente essencial da Jornada do Herói para que se compreenda o sentido da sua aventura. O herói bem-sucedido tem uma recompensa ao final da Jornada. Mas essa não tem valor apenas individual. O que o herói conquista reveste-se de alguma forma em benefício para os outros. A transformação do herói carrega elementos potenciais de transformação da sua comunidade.

O herói, cujo espaço de atuação está circunscrito a certa dimensão geográfica modesta, provoca efeitos, com sua aventura, que beneficiam seu entorno imediato. J. M. A. lidera a construção de um posto de saúde e sua mãe, que sofre de reumatismo, assim como muita gente em Itaoca, é beneficiada por esse gesto nobre. D. Q. e sua turma criam um parque ecológico no Distrito Federal. Ayrton Senna sensibiliza o mundo, Viviane ajuda a transformar as possibilidades futuras de um país gigantesco como o nosso.

Não há, na minha visão, o endeusamento do herói humano. Como todo ser humano, Ayrton Senna tem na sua história pontos escuros e falhos, deficiências e limitações, luzes e sombras. Cometeu erros, fez besteiras, como todo o mundo. Não está acima das imperfeições da nossa espécie. Mas tampouco compartilho de uma visão mesquinha, de má vontade no reconhecimento das realizações louváveis que nossos semelhantes concretizam.

Tem gente que diz que na vida pessoal Ayrton foi infeliz. Não sei, tenho muito pouca informação a respeito, nem me cabe julgar ninguém. Se foi e se algum dia vamos saber de algum outro aspecto menos luminoso de sua vida, em nada isso diminuirá minha admiração pelo que de extraordinário esse herói brasileiro de carne e osso realizou. E realiza, com a força do nome que reverbera ainda e reverberará por muito e muito tempo no campo das consciências humanas, no território do inconsciente coletivo. Muito e muito depois que eu me for deste mundo, muito e muito depois que algumas gerações se passarem.

Naquilo com que o identificamos, um esportista de brilho raro, Senna foi extraordinário. Merece todo o reconhecimento que lhe damos. No nível simbólico, vai mais além do que isso, configurando-se como um pioneiro e um exemplo de um novo tipo de ser humano. O que corporifica as possibilidades do desenvolvimento humano na Era de Aquário, harmonizando pensamento e intuição, lógica e emoção numa performance de alto nível.

Esses dois fatores o colocam numa posição inigualável na história da Fórmula 1. Mas o alcance simbólico dessa condição ultrapassa o esporte, chega à vida de todos nós, como uma sinalização das possibilidades acessíveis a todos, gradativamente. Veremos isso nos próximos anos.

Senna enxergava mais longe ainda, configurando-se como um herói de primeira grandeza que ultrapassa seu âmbito primordial de atuação, transcendendo o esporte para instaurar, na área socioeducacional, um trabalho grandioso, rompedor de fronteiras.

Forte e realizador. Forte e gerador de riquezas. O que Ayrton Senna ganhou com sua dedicação extremada é a base alimentadora do que hoje está beneficiando milhares de jovens. O resultado financeiro de suas vitórias amplia-se, do que pôde usufruir em vida, para o benefício direto de sua família, nos negócios, e indireto, na ação social, para o benefício das pessoas atendidas pelo Instituto.

O herói não está sozinho na Jornada. Depende de tantos outros aliados para construir o sucesso da sua aventura. A Jornada de Ayrton termina no nível concreto na pista de Ímola, mas continua no espaço simbólico através da marca Senna e do Instituto. Ao mesmo tempo, mescla-se à Jornada de Heroína de Viviane, que tem sua própria trajetória associada à missão do irmão. Junto com ambos, vão muitos parceiros, cada um respondendo ao desafio de suas próprias Jornadas, essas imbricadas, em rede sistêmica, à Jornada Senna.

Jornadas e jornadas em rede, martelando os moldes do destino para construir um mundo melhor, lançadas por um sonho do possível.

E nesse âmbito entra a fé. O herói, na sua jornada suprema, depara-se com o encontro com algo superior a ele próprio, de uma outra ordem de existência. Precisa aprender a submeter-se com humildade a uma força maior, sábia e amorosa. Indiana Jones em **A Última Cruzada** precisa ajoelhar-se, tocar o nome de Deus e depois entregar-se de corpo e alma, para chegar ao Santo Graal. Os Cavaleiros Jedi de **Guerra nas Estrelas** precisam merecer a Força, aprendendo a usá-la com honra.

Para chegar a esse patamar de abertura de consciência, flexibilidade e aprendizado de como lidar com forças aliadas, o herói precisa de oportunidades. A oportunidade de Ayrton está implícita, primeiro, na família onde nasce.

Desconheço o quanto o Ayrton jovem e sua família nessa época têm ligação com alguma tradição religiosa. Ignoro o quanto têm inclinação para uma busca espiritual.

Mas é fato que Ayrton passa por uma transformação excepcional ao longo da vida. Talvez seja no começo apenas um garoto superambicioso, devotado ao propósito de ser campeão do mundo, obcecado pelo seu sonho interno. Torna-se, já homem feito, escaldado pelas adversidades do mundo, alguém capaz de enxergar muito além do próprio umbigo e de ver o alcance de suas realizações para os outros.

Um dia, encontro a bordo de um Airbus A320 da TAM, voando de São Paulo para Goiânia, o time do Flamengo. Por uma dessas sincronias do destino, senta-se na poltrona atrás da minha o jogador Zinho. É ele o autor do primeiro gesto de homenagem a Senna na seleção brasileira de 1994, quando faz a coreografia de um piloto ao volante, ao marcar um gol contra a Islândia, episódio comentado em capítulo anterior.

Puxo conversa. Procuro saber do porquê da ligação tão especial daquele time com Senna. A primeira informação já é esperada. Zinho conta que a comissão técnica da seleção exibia vídeos do tricampeão, como motivação. Em palestras, falava-se de suas qualidades, de seu exemplo. Inspiração para uma equipe de valor próprio e virtudes também excepcionais.

Mas há uma outra razão, menos técnica, mais afetiva. Em 20 de abril de 1994 acontece um jogo amistoso da seleção contra um combinado dos times Paris Saint-Germain e Bordeaux, no estádio Parc des Princes da capital francesa. Senna é convidado para dar o pontapé inicial. E aí, conta Zinho, ele diz algo simples que vai provocar um profundo efeito nas almas daqueles homens preparados para grandes batalhas, mas abertos a sentimentos nobres:

— Olhaí, moçada. Este ano, ou eu ou vocês temos que ser tetracampeões. Temos que dar esta alegria ao povo brasileiro.

O time de gestos nobres de 1994 — de Bebeto, Mazinho e Romário que balançam, no jogo contra a Holanda, o berço do bebê recém-nascido de Bebeto e Denise; de Tafarell agradecendo aos céus um pênalti defendido; de todos ajoelhados e orando no momento da sua vitória suprema —, dedica a Ayrton a sua glória.

São aliados espontâneos de Senna noutra de suas missões voluntárias. Esta, mais discreta, sutil. A de se permitir, como ícone de projeção global na mídia, ser visto como um ser também dedicado a uma busca espiritual.

A tradição do reconhecimento da fé como parte integrante da vida está hoje instalada com naturalidade no futebol brasileiro. O superastro Kaká agradece a Deus, em gesto público no campo, os gols que faz. A tradição encontra seu caminho, no passado recente, com a ação pioneira dos Atletas de Cristo, uma iniciativa voltada para jogadores evangélicos. Mas com o tempo se torna um fenômeno ecumênico. O time do São Paulo é tricampeão do mundo em dezembro de 2005 na cidade japonesa de Yokohama, e a delegação, jogadores, comissão técnica e dirigentes rezam e oram no gramado, fazem um Pai Nosso, rezam uma Ave Maria.

Nada de proselitismo, nem sectarismo, muito menos fundamentalismos religiosos. Não é esse o ponto. Nem nunca foi esse o gesto da discreta e reservada família Senna, nem do próprio.

A questão é a necessidade de resgate da espiritualidade. A questão é a transportada pela frase de um dos mentores de Ayrton, Nuno Cobra, um dia indignado:

— Não se pode falar de Deus? Mas o que é que as pessoas têm contra Deus? Por que têm vergonha de Deus?

Muito ainda tem que se andar neste território, mas avanços promissores têm acontecido. O preconceito do passado, de se colocar o tema da espiritualidade como desprezível, principalmente em círculos intelectuais, talvez possa acabar no futuro.

Na filosofia da ciência, a transdisciplinaridade propõe um novo caminho metodológico onde se insere a questão da espiritualidade como um elemento igualmente importante para se compreender o real. Cientistas de renome e líderes religiosos muito bem-conceituados dialogam, aproximam as duas esferas de conhecimento. Daniel Goleman, pesquisador de referência quando se fala de inteligência emocional, comanda com o Dalai Lama, líder espiritual dos budistas tibetanos, um encontro de cientistas e religiosos, em busca de um diálogo comum sobre espiritualidade.

Essas iniciativas estão acontecendo, mas a introjeção simbólica massiva da espiritualidade no contexto cotidiano, para multidões planetárias, é o futebol brasileiro que está fazendo. Ayrton deixou seu gesto, abriu uma frente para abordar o assunto em Suzuka, já em 1988.

Este é o herói de quem estamos falando, na sua complexidade humana da qual podemos compreender uma porção. Outras facetas navegam no mar do mistério ainda insondável. Assim é, assim será. Aceito os mistérios da vida. Nem tudo se consegue explicar.

O Herói em sua Jornada está aprendendo também a se tornar um mentor, aquele que ensina a outros heróis potenciais alguma coisa importante para suas respectivas jornadas. Noutro estágio mais avançado, o mentor caminha para se tornar um Mestre, algum dia, talvez num tempo muito longínquo à frente. E esse é o que transcende as sombras e luzes, transforma sua própria Natureza, serve aos outros. Mostra-lhes então o caminho, estimula-os a ativarem seus próprios potenciais de heróis.

Em última instância, a Jornada do Herói, na sua versão suprema, tem o propósito de fazê-lo descobrir que essencialmente é divino. Provém de fonte divina e a ela retorna, para viver o grande amor da sabedoria e da criatividade generosa e infindável do Grande Criador.

Voltemos.

A história do preparo deste herói passa por aqui. Cepeusp, o complexo esportivo do campus da USP. Você entra por uma catraca e lá dentro encontra um espaço privilegiado para o cultivo do corpo. Muitas quadras de tênis, campos de futebol, pistas de atletismo, dois ou três ginásios cobertos, um velódromo, uma piscina olímpica, o estádio de futebol.

Ayrton está por aqui com Nuno Cobra, anos atrás. Corre para transformar-se de jovem franzino em pleno atleta. Exercita a mente, calibra o excepcional poder de concentração.

Faz tempo. A lembrança permanece.

Você entra e vê à direita, lá adiante, sob a marquise do velódromo, um grupo misto de mulheres e homens praticando tai chi chuan. Mas você caminha para o outro lado, para o extremo esquerdo do complexo. Um bando de rapazes faz aquecimento na pista de atletismo. Um time de meninas treina futebol num campo, enquanto o técnico grita instruções da margem, apita, interrompe, pede a repetição de jogadas. Noutro campo, um garoto com a camisa do Milan treina faltas com dois amigos. Em torno, senhoras e homens maduros, cabelos brancos, fazem caminhadas aceleradas. São professores. No campo de areia, dois times de povos indígenas disputam uma animada pelada, homens e mulheres compondo times mistos.

Você deixa tudo para trás e lá no canto, no fundo, encontra a Praça Ayrton Senna. Que agora está vazia. Todo o mundo já foi embora. A sede do Projeto Esporte Talento, sob a arquibancada do estádio, está fechada. A festa acabou-se, tudo recomeça o ano que vem.

Então você vê a frase. Gravada à sua esquerda, em letras grandes ao ar livre, num lado da praça. Você identifica imediatamente quem a proferiu. É a pessoa em nome de quem a praça é nomeada. E lê:

Se a gente quiser modificar alguma coisa, é pelas crianças que devemos começar.

Apêndice

Aliados da aldeia global

Vivemos neste século XXI a aldeia global preconizada pelo profético guru da comunicação Marshal McLuhan. Nossa sociedade é mediática. Os meios de comunicação de massa estão presentes nas nossas vidas todos os dias e de todas as formas. O aprender e o ensinar não se reduzem mais à sala de aula. Estendem-se para a televisão, para o rádio, para os jornais e revistas, para a internet, para os *outdoors* das ruas.

Ciente desse alcance, focado na intenção de melhorar a vida de crianças e jovens, o Instituto resolve num dado momento convidar a imprensa brasileira a abraçar a causa. Um dos instrumentos escolhidos para isso foi a criação de um incentivo atraente, o Grande Prêmio Ayrton Senna de Jornalismo.

O programa é lançado em 1997, mantém-se durantes alguns anos, é desativado posteriormente. Vale aqui registrar sua história, pela formidável missão de conscientização que desempenhou enquanto esteve ativo.

A narrativa deste capítulo notável do Instituto segue aqui no tempo presente, tal qual foi construída a partir de pesquisas e entrevistas em 2009. Viajemos no tempo.

Viviane Senna conta:

— O Instituto estabeleceu uma aliança com a imprensa, porque acredita que esta tem a função primordial de formar consciências e ajudar a sociedade a agir, cobrar, mobilizar-se em favor das causas sociais. Dentro dessa aliança, atuamos em duas frentes. A primeira é a dos cursos para jornalistas (*online* e presenciais) que oferecem ferramentas e subsídios aos profissionais para abordarem a educação com via ao desenvolvimento humano. A segunda é o GP Ayrton Senna de Jornalismo que reconhece e premia aqueles profissionais que, com uma boa dose de criatividade e talento, ampliam a abordagem. Vão além do factual e da denúncia para levar ao centro das discussões as soluções e saídas que podem garantir educação de qualidade à maioria da população.

O Instituto concebe o Prêmio reunindo uma equipe formada por seus próprios profissionais, consultores e expoentes do jornalismo brasileiro. E como nas suas outras frentes de trabalho, começa com um propósito convencional. O que se almeja, inicialmente, é que os meios jornalísticos simplesmente aumentem a cobertura de temas ligados à infância e adolescência. Durante um período, esse é o foco. Posteriormente, a atenção volta-se à melhoria da qualidade da educação, considerada a via de potencial mais transformador para o desenvolvimento humano.

Os números atestam o sucesso da iniciativa. Na primeira edição do Prêmio, correspondente ao período 1997/1998, os organizadores recebem as inscrições de 442 reportagens, 309 jornalistas e 140 veículos representados. Na edição seguinte, já são

647 as matérias inscritas, com a participação de 306 profissionais e 143 veículos. Se damos um salto no tempo e em novembro de 2009 examinamos o assunto, vemos que no total das nove edições até agora, registram-se 10.728 trabalhos inscritos, nas diversas categorias, com a participação de 5.809 jornalistas e 1.523 veículos de imprensa.

É evidente, só pelos números, a importância que a classe jornalística atribui ao Prêmio.

Compreende-se ainda mais o prestígio quando se vê que entidades representativas do setor apoiam a iniciativa. A ABERT — Associação Brasileira de Emissoras de Rádio e Televisão; a ANER — Associação Nacional de Editores de Revistas; a ANJ — Associação Nacional de Jornais; e a FENAJ — Federação Nacional de Jornalistas ajudam, apoiando o programa, na formação de uma aliança poderosa em prol da infância e da adolescência.

A posição de relevo que o Prêmio ocupa confere também prestígio aos vencedores. Significa um reconhecimento moral a quem coloca seu talento a serviço desse propósito nobre. Mas também traz um incentivo monetário considerável. Nada mais justo que profissionais dedicados recebam também um reconhecimento traduzido em valores financeiros. Cada vencedor em uma das cinco categorias — Jornal, Revista, Televisão, Rádio e Internet — da décima edição, cuja festa de premiação está programada para maio de 2010, receberá o valor bruto de R$ 20.000,00.

Até a quarta edição, o Grande Prêmio está simplesmente perseguindo a meta de estimular a mídia a expor os temas da infância e da adolescência. Mas na edição seguinte, do período 2001/2002, acontece uma novidade: preferencialmente, passam a ser premiadas matérias que tratam desses temas sob a ótica do paradigma do desenvolvimento humano, aquele mesmo conceito da ONU apresentado anteriormente neste livro. Mais tarde, vai posicionar a educação como eixo central da iniciativa.

Tal como fizera antes, criando programas educacionais, o Instituto dá um passo a mais ao focalizar o jornalismo como meio estratégico para atingir objetivos. Busca uma aliança com a imprensa, mas de modo proativo, abrindo um novo modo de compreensão das questões sociais.

Uma das tradições do jornalismo em países democráticos é a de exercer o papel de guardião de valores sociais. A imprensa desempenha uma importante função de crítica e denúncia do que não anda bem na sociedade. Em muitas instâncias, é o único canal de esperança de justiça para os deserdados pelo restante da sociedade, para os espezinhados em seus direitos humanos básicos, para os esquecidos pelo poder, para as vítimas de todos os tipos de crueldade e anomalia que acontecem no nosso conturbado e desigual mundo.

Esse papel louvável, em princípio, está tão entranhado nas vísceras do jornalismo que, muitas vezes, quando se convida a imprensa a aderir a uma causa social, a resposta de profissionais e veículos bem-intencionados traduz-se em matérias de denúncia. O jornalista sente que sua contribuição reside na função da crítica. O raciocínio é que, em tese, quando se denuncia, temos condição de constatar a realidade nua e crua de situações que exigem reparo. Conhecendo-a, pode-se cobrar quem de direito, podemos pressionar, podemos fazer alguma coisa.

Este princípio tem valor inegável. Contudo, a tradição criou também uma distorção: uma parte da imprensa condicionou-se a enxergar na sociedade, preferencialmente, só acontecimentos negativos. Quanto pior um fato, mais desastroso, mais escandaloso, mais gritante, melhor a notícia.

A tragédia é notícia. Mas a mobilização social espontânea e quase anônima, silenciosa, para resolver um problema, nem sempre conquista o olhar da mídia. A ação boa e construtiva, dizem antigos representantes da minha profissão, não vende jornal.

Este modelo mental é discutível, do ponto de vista do bem comum. No primeiro volume deste livro, apresentei sucintamente o conceito de campo morfogenético, que pode ser entendido também como uma espécie de conteúdo mental subjetivo que condiciona o comportamento das pessoas, no âmbito do inconsciente coletivo.

Traduzo o conceito para uma aplicação prática no contexto do que estamos abordando. Os meios de comunicação hoje são massivos, bombardeando nossas mentes diariamente com um volume estonteante de informações. Como parte dessas tem conteúdo negativo — notícias de desastres, falcatruas, grandes golpes contra o interesse público e os direitos individuais, injustiças e acontecimentos horrorosos do lado escuro da alma humana —, cria-se uma espécie de campo mental potencialmente depressivo, se o foco é unilateral. O tiro pode sair pela culatra. Podemos ficar indignados com as denúncias. Mas também podemos ficar impactados pelo excesso de negativismo. Sentimo-nos impotentes, mal conseguimos pensar numa reação, num modo de transformar as coisas para melhor. Se não tomamos cuidado, ficamos presos a sentimentos de medo, nos retraímos, cruzamos os braços.

Ao contrário, porém, se as matérias jornalísticas denunciam, mas também trazem notícias construtivas, exemplos concretos de ações sociais transformadoras, o ânimo coletivo pode mudar para melhor. As ações positivas inspiram-nos, estimulam nossos potenciais realizadores, acedem luzes de esperança na alma.

Não posso afirmar o quanto de um raciocínio parecido pode ter estado presente nas cabeças pensantes do Instituto, quando resolve ancorar na proposta do Prêmio a questão do desenvolvimento humano e depois da educação, como principal meio para se chegar a ela. Mas posso dizer que o efeito da medida é promissor: o Prêmio estimula a mídia a acrescentar, à tradição da denúncia, o novo comportamento de iluminar ações e pessoas que trabalham — anonimamente, muitas vezes — em favor da transformação social.

O Instituto contribui para redirecionar o olhar da mídia. A educação é vista como o eixo estruturador da sociedade, defende o regulamento da décima edição. Como, no entanto, associa a educação ao tema do desenvolvimento humano, um conceito novo, convém saber como a instituição o define, nos primeiros anos do GP. O cientista político Guilherme Canela assim resume essa abordagem, em documento da organização:

*O desenvolvimento humano é um conceito umbilicalmente ligado a três palavras: **concessão de oportunidades** para o **melhoramento das capacidades humanas** e da **qualidade de vida**. Tratar esses conceitos em sua total amplitude é tarefa para, no mínimo, séries especiais de reportagens. A grande reportagem que se deseja é a cobertura frequente, o conjunto de publicações, expresso na qualidade individual de cada matéria. Portanto, encontrar a pauta que discute o problema olhando para mais de um aspecto, apontando para seus inter-relacionamentos, é o que se espera do jornalista. Feito isso, o desenvolvimento humano terá entrado nas redações e, mais do que isto, na esfera pública das discussões.*

Indo mais longe, destaca o autor:

Há uma forte relação entre o ótimo trabalho jornalístico e a adoção do desenvolvimento humano como instrumento teórico para se entender a sociedade. Assim como a ideia do desenvolvimento humano tem como função uma melhor compreensão dos processos que conduzem ao progresso da vida e do bem-estar das pessoas, a atividade jornalística tem uma função fundamental na transformação da agenda social.

Enquanto o desenvolvimento humano ocupa agora uma posição subjacente, a edição atual do GP estimula o olhar da mídia jornalística sobre a educação a partir de critérios reveladores do propósito que o guia. O regulamento destaca a natureza dos trabalhos contemplados. A lista inclui os que colocam *em evidência os problemas e desafios da Educação; que descrevem experiências e iniciativas bem-sucedidas no campo da Educação e — em uma perspectiva mais ampla — que demonstrem o seu impacto a longo prazo em áreas como política, economia, saúde, cultura, meio ambiente e cidadania.*

Assim, as reportagens *devem apontar os benefícios de uma Educação de qualidade, os prejuízos quando ela não está presente e como essas circunstâncias influenciam direta ou indiretamente o futuro das novas gerações.*

Uma lista de itens traduz os critérios jornalísticos de avaliação das reportagens inscritas. A qualidade do texto, da imagem e da edição é um deles, mas igualmente contam pontos a contextualização e a pluralidade dos aspectos abordados. Do mesmo modo, não se quer a angulação do tema sob a perspectiva de uma única voz. A diversidade e a qualidade das fontes ouvidas, incluindo crianças, adolescentes e famílias, aumentam as chances da matéria. Enquanto de um lado o Prêmio estimula a *investigação das políticas públicas e denúncia das omissões*, de outro deseja que as matérias focalizem *ações governamentais e não-governamentais bem-sucedidas.* Incentiva que as reportagens utilizem conceitos e terminologias apropriados; que interpretem dados estatísticos e indicadores sociais em consonância com sua leitura humanizada, que contextualizem o tema frente aos compromissos internacionais do Brasil, que indiquem serviços — como bibliografia e endereços de sites na internet — relacionados, que respeitem a dignidade das crianças e dos adolescentes. E que as matérias transportem um potencial de impacto na promoção de mudanças.

Como os jornalistas e seus trabalhos vêm respondendo, na prática, ao estímulo do Grande Prêmio Ayrton Senna de Jornalismo?

Na primeira edição do Prêmio, Eliane Brum — que seria vencedora em 2006 na categoria Revista, já trabalhando como repórter especial da revista Época — é finalista na categoria "Destaque — Educação", com a série A **Escola Esperança**, do jornal **Zero Hora**, de Porto Alegre. A primeira matéria, **Escola de Rua Dá Lições De Esperança**, abre com este texto de forte impacto, publicado na edição de 25 de maio de 1997:

Metade dos alunos já morreu. Dos que ainda sobrevivem, metade tem Aids. Os que não têm Aids — e os que têm — sofrem de fome, de frio, do escárnio dos que passam, da certeza da morte hoje ou amanhã, breve. Mas todas as sextas-feiras, mesmo que sopre o minuano ou ferva o sol, eles comparecem à escola que, como tudo em suas curtas vidas, ninguém deu. Ressuscitam semanalmente a escola que criaram há três anos para, como diz um deles, "se sentir um pouco gente".

No Recanto do Espanhol do parque da Redenção, em Porto Alegre, o único lugar do qual não foram expulsos, uma dúzia de adolescentes de rua faz contas de multiplicar (mesmo que só conheçam a subtração), *separa* sílabas de palavras cujo sentido lhe arrancaram (como fu-tu-ro), responde a perguntas sobre o diâmetro da Terra (onde logo estarão sob sete palmos num caixão de indigente).

Ficam abismados que o homem — talvez não eles — possa ser um parente dos macacos — animais que, junto com os cachorros, são melhor tratados que eles.

Estropiados, alguns cobertos de feridas, com a morte pendendo sobre a cabeça, eles mantêm vivo o sonho singelo de ter uma escola. Um belo sonho iniciado numa quarta-feira de março de 1994. Naquele dia, a professora estadual Deirdre Bicca sentou-se para descansar num dos concorridos bancos da Praça Dom Sebastião, mais conhecida como Praça do Cachorrinho porque bem ali ao lado se esparrama pela Capital o cheiro espetacular do cachorro-quente do Rosário. Pois Deirdre, então conhecida das hordas de miseráveis da cidade por ajudar no sopão da Igreja das Dores, foi abordada por um garoto maltrapilho chamado Adriano. E logo cercada pela Turma do Cachorrinho. Não era um assalto.

"A senhora pode dar aula para nós?", atacou o garoto, ansioso. "Sabe, a gente precisa de estudo para o nosso futuro."

A matéria prossegue com a hesitação inicial da professora Deirdre — pede uma semana para dar resposta aos garotos —, caminha por sua heroica luta contra o preconceito dos outros e a falta de recursos, descreve uma comovente cena de aula em plena praça pública.

A matéria seguinte, **A Professora Que Embarcou Num Sonho**, amplia o olhar sobre Deirdre. Seus magros rendimentos de professora estadual — mora no apartamento da mãe — não são empecilhos à sua longa solidariedade de mais de três anos em prol dos seus alunos mais do que carentes, dos quais Jason, 17 anos, e André de Araújo, o Alça, 23 anos, são personagens de destaque na reportagem.

Em julho de 1997 e em dezembro do mesmo ano, Eliane volta às ruas para acompanhar a trágica saga dos garotos que querem estudar. Alguns deles são espancados por homens trajando macacões do Departamento Municipal de Limpeza Urbana, outros morrem de Aids, um é assassinado. Uma casa pré-fabricada é doada aos garotos, instalada numa área verde como seu primeiro lar, cobiçada e ocupada por vizinhos. E os alunos da professora solidária são novamente escorraçados para a rua.

O que motiva um profissional de imprensa a desenvolver uma reportagem deste tipo?

Eliane Brum tem a sua história:

— Fui pautada para fazer uma matéria com pessoas anônimas que tentavam mudar o mundo com pequenas ações espontâneas. Conheci a professora Deirdre, que dava aulas para os meninos de rua da Turma do Cachorrinho. Fiz a matéria que me pediram, mas fiquei tão impactada pela história deles (meninos de rua que pediam não casa, mas escola) que segui acompanhando-os por minha própria conta. Fiz isso durante um ano. Cada vez que acontecia algo com algum deles, como ser espancado pela polícia, morrer de overdose, Aids ou assassinato, eles me avisavam. Foi uma experiência intensa de lidar, pessoalmente, com a impotência. Eu denunciava que eles morreriam, nada acontecia e eles morriam.

Uma reportagem com tal intensidade dramática provoca repercussões. Quando a primeira do conjunto de matérias é publicada, a história dos garotos mobiliza o interesse de muita gente querendo ajudar, resultando na doação da casa. Apesar de tudo o que acontece depois, recorda-se Eliane, a escola permanece viva, de certo modo.

O efeito não fica restrito ao público, porém. Pode envolver os próprios jornalistas. Conta Eliane:

— Em 1999, criei com duas outras jornalistas, ligadas à cobertura de Direitos Humanos, o que mais tarde seria uma ONG, chamada ALICE. Queríamos usar nossa escrita e nossa capacidade de fazer reportagem para fazer mais do que conseguíamos nas redações. Eu vim para São Paulo em 2000, mas elas, Rosina Duarte e Clarinha Glock, continuaram com o projeto. Criaram o primeiro jornal de meninos de rua do país, o **Boca de Rua**, com os adolescentes da Turma do Cachorrinho, hoje jovens adultos. Ao contrário de outros do gênero que existem pelo mundo, o **Boca** é feito (escrito, fotografado, pautado etc.) por eles. E depois vendido. Nele denunciam o que vivem, já entrevistaram o governador e outras autoridades, contam histórias. Em torno do jornal acontece uma série de outras atividades. Hoje já existe até o **Boquinha**, com os filhos de meninos de rua. De certo modo, a escola virou um jornal. É uma experiência bastante sólida, que repercutiu em outros países.

Nem sempre as matérias vencedoras ou finalistas do Grande Prêmio Ayrton Senna têm o propósito da denúncia social. Finalista da primeira versão do Prêmio, a série **O Tema É ... Adoção**, de Joanita Ramos, publicada pelo jornal **Gazeta do Povo**, em Curitiba, exerce uma função educativa. Conta a autora:

— Minha principal preocupação era orientar possíveis interessados em adotar uma criança. Pretendia que meu texto tirasse dúvidas inclusive sobre os entraves burocráticos, os medos e preconceitos, como aquele clássico de que "toda criança adotada, um dia dá problema". Mas queria fazer isso expondo casos concretos.

E expõe:

O tempo de um pouco mais de um ano para a integração familiar é confirmado pela pedagoga Ingrid Ritter Jäsche que mudou-se há dois anos para Curitiba, buscando melhor qualidade de vida para seus seis filhos, entre biológicos e adotivos.

A pedagoga conta que sua vida mudou muito quando resolveu adotar três irmãs mais velhas — então com oito, onze e treze anos — para os filhos, na época com idade de onze meses, cinco e sete anos.

As meninas haviam sido deixadas com o pai pela mãe biológica e eram maltratadas pela madrasta. Elas foram desvinculadas de seus laços de sangue, passando a viver com Ingrid e a família no mesmo dia em que o casal procurou o juiz, junto com o pai biológico, para que ele, voluntariamente, abrisse mão da guarda das crianças.

A ajuda dos seus filhos pequenos que se integraram perfeitamente às novas irmãs, a vontade recíproca de que a relação desse certo e muita conversa foi o que garantiu o sucesso nessa adoção tardia, de acordo com a mãe: "Conversávamos muito com as meninas, aí entravam lágrimas, o envolvimento e a confiança. À noite, muitas vezes, enquanto eu ia colocar os pequenos para dormir, meu marido ficava conversando com elas, começavam a contar os problemas e logo estavam todos chorando e se abraçando".

Os depoimentos humanos dão vida à matéria. Fiel a seu propósito educativo, Joanita cerca o assunto sob vários ângulos, levantando dados estatísticos e estudos abalizados, ouvindo diferentes tipos de fontes. E como em qualquer outra atividade humana, também no jornalismo o trabalho pode alcançar um bom resultado quando o autor tem interesse pessoal no que está fazendo. É esse o caso de Joanita:

— A matéria nasceu de uma velha inquietação pessoal minha sobre adoção. Quando adolescente pensava que eu não me importaria se fosse estéril... Uma questão social inspirava essa afirmação: por que *fazer* crianças, se há tantas já nascidas que precisam de cuidados? Tive uma filha única, biológica, não planejada, mas extremamente desejada. Contudo, a inquietação com as crianças sem pais continuou. Tudo o que fiz como jornalista foi seguir o rumo das minhas próprias curiosidades, que foram enriquecidas pelas de meus colegas em reunião de pauta.

Meninos de rua e adoção parecem temas naturais, durante o período em que o GP focaliza o desenvolvimento humano, no âmbito das crianças e adolescentes. A educação e seus diferentes subtemas surgem como pautas mais naturais ainda, mesmo antes da refocalização do GP nessa direção.

Ao longo dos anos, jornalistas concorrentes ao Grande Prêmio apontam flagelos educacionais, como em **Ensino Reprovado**, matéria de Gilberto Nascimento, da revista **IstoÉ**, finalista na quarta edição, 2000/2001:

Esta reportagem começa com uma frase absolutamente incompreensível: No dina vit do de Abinu d doni come kicna do no ba Basinu terá miazsa. Esta aparentemente insólita junção de letras é o resultado de uma realidade triste. Foi a tentativa de Welton, 11 anos, aluno da quarta série de uma escola municipal da zona leste de São Paulo, reproduzir um ditado singelo, sugerido por uma professora na sala de aula. Ele deveria ter escrito o seguinte: "No dia 22 de abril, comemoramos os 500 anos do nosso Brasil, que é uma terra maravilhosa." Welton é apenas um exemplo de uma situação perversa reinante no ensino público. A escola hoje está formando, com diploma e carteirinha, subcidadãos despreparados para o futuro. Crianças, afinal, estão saindo da escola sem saber ler nem escrever. Tampouco fazer as quatro operações aritméticas. É o dinheiro do contribuinte indo para o ralo, num círculo vicioso: os governantes fingem investir em educação, a escola finge que ensina e o aluno finge que aprende.

As mazelas do ensino brasileiro são também o foco da série **Crise na Educação**, de Karina Bottino e equipe, do jornal **O Dia**, do Rio de Janeiro, vencedora na edição 2003/2004. O problema específico que a série aborda é a falta de professores na rede pública, como ilustra este trecho da matéria **Falta de Educação na Justiça**, de Viviane Barreto:

Desde o início do ano letivo, os 377 estudantes do Ensino Médio tiveram apenas aulas de Português e História. Já no Ensino Fundamental, a situação é mais crítica: os 302 alunos aprenderam, somente, Espanhol. Diretor-geral da escola, José Adão Lopes de Macedo envia hoje à secretária estadual de Educação, Darcília Leite, documento detalhando as disciplinas que ainda não voltaram de férias. "Estou impotente diante desse quadro. Já pedi providências, mas até agora nada. Se não investirem na Educação, terão de aumentar o número de vagas nas penitenciárias", desabafa Adão.

Na mesma série vencedora, Karina Bottino encontra outro triste e correlato problema, como revela na matéria **Geração dos Desistentes**:

Depois da falta de professores, a falta de alunos. Na Escola Estadual Aldebarã, em Antares, Santa Cruz, estudantes de três turmas do 2^0 ano do Ensino Médio assistem às aulas na mesma sala. "São os sobreviventes da ausência de professores. Os demais largaram os livros, desacreditados", conta o diretor da unidade, José Adão Lopes de Macedo. Suzana da Conceição, 17 anos, é daquelas que resistem bravamente. Mas só por enquanto. "Temos apenas professores de

Português e História. Continuo aqui na esperança de que cheguem outros. Mas estou juntando R$50,00 por mês para ir a uma escola particular ano que vem".

Seguindo a tradição clássica da imprensa, de colocar um dedo nas feridas da sociedade, muitas das matérias do Prêmio derramam à nossa frente, ao longo de sua história, problemas que talvez recusemos a ver ou que nos fazem impassíveis, pelo sentimento de incapacidade de solução. Andréia Peres, da revista **CLAUDIA**, é finalista da terceira edição do Prêmio com duas reportagens distintas, abordando duas questões igualmente chocantes.

Em **Incesto: Quebrando O Silêncio**, Andréia conduz o final da matéria para um desfecho contundente:

Nas famílias em que acontece o incesto não existe uma definição clara de papéis. O parceiro do abusador costuma ser protetor e compreensivo em relação a ele e imaturo psicologicamente. É a mãe que não vê, não escuta e não fala. "Na maioria das vezes, apresentou problemas na infância, não necessariamente de abuso, mas de estruturação da personalidade", afirma Maria de Fátima Francisco dos Santos, professora de Psicologia Forense da Pontifícia Universidade Católica de Campinas, em São Paulo. Quando é forçada a reconhecer que houve incesto, passa por sentimentos conflitantes de dor, culpa e raiva.

As sequelas desse tipo de abuso são imprevisíveis e independem do fato de ter ou não havido estupro. As vítimas costumam se tornar adultos com forte tendência à depressão e à baixa autoestima. Têm problemas emocionais, dificuldades de estabelecer relacionamentos e são muito inseguras. Podem manifestar problemas como disfunções sexuais, distúrbios de sono, comportamentos compulsivos e idealizações do suicídio.

O tratamento é difícil e demorado. A vítima, geralmente, precisa de ajuda para analisar o que passou e tomar consciência de que não teve culpa pelo que aconteceu.

Frequente, o abuso intrafamiliar não é fácil de diagnosticar, mas pode ser minimizado se professores, médicos e cada um de nós estivermos atentos aos sinais de sofrimento de uma criança. A omissão, nesses casos, infelizmente é comum. Um crime que é cúmplice da violência.

Em **A Infância Roubada**, Andréia faz explodir, desde o começo da matéria, o grito mudo dos que são impedidos do direito à voz:

Islai é rápido. Com um arco feito de pneu velho, que serve para delimitar o espaço de trabalho, e a marreta, quebra 30 quilos de pedra por dia. Matriculado na primeira série, ele só vai à aula duas ou três vezes por semana. Não sabe ler nem escrever. "Gosto de ir para a escola para comer merenda e brincar", afirma.

Diz que quando crescer quer ser "menino", sem se dar conta de que ainda é uma criança. Pensa em resgatar no futuro a infância que não tem. Com os 5,25 reais que ele ganha em média por mês, seu pai lhe compra roupa e calçado. Islai não tem brinquedos. De vez em quando, se diverte com um carrinho emprestado e sonha ter uma moto de plástico.

Apesar do esforço, Verônica recebe a metade do salário do irmão. Magra e pequena, não tem tanta força e produz menos. Acredita que um dia ainda vai parar de quebrar pedra para ser cantora de igreja. Não reclama do trabalho. Nem da vida. Gosta de brincar de boneca e de ir para a escola, mas por causa da pedreira acaba não tendo tempo para nada disso.

Um problema social é também o foco de **Rejeitados**, matéria de Paula Mageste, produzida para a revista Época, vencedora na sétima edição do Prêmio. Trata de crianças adotadas e depois abandonadas pelos pais adotivos. O lado amargo dessa realidade é contemporizado por um gesto humano bonito. Paula conta a adoção de Fábio, por parte da cineasta Tizuka Yamazaki:

"Vim a fazer parte da família da Tizuka sobretudo pelo Ilya" (filho biológico de Tizuka, hoje com 21 anos). "Uma noite estava meio revoltado, no dormitório, enquanto as outras crianças dormiam. Pedi a Deus que me tirasse de lá. No dia seguinte, a Tizuka visitou a instituição. O Ilya me olhou, coloquei-o numa carriola, daquelas de obra, e comecei a passear com ele. Ele disse a Tizuka que eu era o irmão dele. Foi um presente de Deus. O começo foi difícil. Mas a Tizuka e o Ilya transformaram minha vida".

A cineasta conta que não foi fácil. "O Fábio havia passado por um processo de adoção e tinha sido devolvido. Ele era rebelde, nos testava o tempo todo. Realmente, algumas vezes tive vontade de devolvê-lo. Amigos chegaram a me dizer que eu não era a responsável pelo que havia acontecido com ele antes, mas eu sabia que outro abandono o mataria. Uma vez, conversando com ele, xinguei sua mãe biológica por tudo o que ela o fez passar. Foi quando ele percebeu que a culpa não era dele. A criança acha que a culpa por não ter sido adotada é dela, quando na verdade é de um adulto que não soube aceitá-la".

Como apontei antes, o Grande Prêmio Ayrton Senna de Jornalismo acrescenta, à tradição de exposição de problemas, o desejo de que a imprensa igualmente aborde soluções. Qual é a resposta que a mídia tem dado a esta expectativa?

Veja o caso da matéria O **Brasil Que Dá Certo**!, também de Andréia Peres, vencedora da segunda edição do Prêmio, categoria revistas. Publicada em duas partes e duas edições consecutivas em **CLAUDIA**, começa com uma confissão:

No início pensávamos encontrar vinte, talvez trinta projetos que apresentassem soluções originais para alguns dos problemas mais graves do Brasil: educação, saúde, drogas, fome, emprego, meio ambiente e violência. A capacidade de milhares de pessoas de modificar a realidade do país nos surpreendeu. Durante um mês, visitamos sessenta projetos e selecionamos 25 deles.

Ao longo das páginas da matéria, o leitor encontra casos exemplares de iniciativas transformadoras em todas essas áreas. Eis alguns trechos que ilustram os casos inspiradores levantados pela autora:

Em 1986, a pedagoga Luzia de Paula, 43 anos, morava com o marido e os quatro filhos na cidade satélite de Ceilândia, periferia de Brasília, e toda vez que saía para trabalhar enfrentava o mesmo dilema: com quem deixar as crianças? O problema era comum a todas as mães da comunidade, que, junto com Luzia, improvisaram uma pequena creche num barracão cedido pela igreja.

"O trabalho estava dando certo até começar a faltar dinheiro para a comida", relembra a pedagoga, que, antes de fechar as portas, resolveu experimentar uma alimentação barata e nutritiva desenvolvida pelos médicos Rubens Brandão e Clara Takaki, de Brasília. Com farelos de arroz e de trigo, pó de folha verde-escura e casca de ovo, foi criada uma multimistura nutricional.

A creche mudou para um local maior, onde passou a atender, em vez de vinte, 250 crianças. Hoje abriga também um núcleo de produção de alimentos alternativos. A mistura nutricional, que resolveu o problema de desnutrição de centenas de crianças, está sendo pesquisada pela Universidade de Brasília. "Queremos mostrar ao Brasil que a fome é um descuido", diz Luzia de Paula.

Iniciado em 1981, o chamado Projeto Seringueiro, do Centro de Trabalhadores da Amazônia (CTA), criou 37 escolas e já formou cerca de setenta professores leigos. São seringueiros que concluíram a quarta série do Primeiro Grau e hoje lecionam para seus colegas. As turmas não estão divididas em série, mas em dois grupos: o de alfabetização e de pós-alfabetização, que, em geral, compartilham a mesma sala. A ideia é ensinar utilizando elementos próximos da realidade dos seringueiros. Uma metodologia de sucesso que vem mudando o perfil das comunidades do interior da Floresta Amazônica. Até hoje, cerca de 3 000 pessoas foram alfabetizadas pelo projeto, que reduziu em cerca de 40% o índice de analfabetismo na região.

Quem vê a baiana Jussara Ribeiro, custa a acreditar que essa moça de 19 anos, vaidosa e bem-arrumada, seis anos atrás perambulava pelo Largo das Sete Portas, zona de comércio popular de Salvador, descalça, usando short e boné surrado e provocando olhares de suspeita quando encostava no balcão de uma loja. A transformação de Jussara, que hoje vasculha o avesso das roupas antes de comprá-las, é uma prova do sucesso do Projeto Axé, onde ela agora trabalha como ajudante de costura.

Criado em julho de 1990 pelo filósofo italiano Cesare de Florio La Rocca, 62 anos, o Axé — que já atendeu a cerca de 8 000 crianças — é apontado como um dos mais eficientes projetos sociais do país. "A ideia deu certo porque desde o início seguimos três princípios: respeito aos direitos humanos, profissionalismo e valorização da beleza", resume Cesare, há trinta anos no Brasil.

Um dos casos mais notáveis entre os registrados por Andréia é a iniciativa do médico Edmundo Mauad em Barretos, interior de São Paulo. Determinado a diminuir a alta incidência de câncer de colo uterino entre as mulheres pobres da cidade, Edmundo obtém apoio da Fundação Pio XII e da ONG Leões do Brasil para realizar exames preventivos em bairros carentes da cidade. Mas os recursos são esparsos. Assim, o médico José Reynaldo Walther de Almeida inventa uma cama ginecológica dobrável. A cama pode ser transportada de bicicleta, possibilitando que os exames sejam realizados em centros comunitários e em domicílio. Em três anos, são atendidos quase três-quartos da população feminina adulta. São diagnosticados oito casos de câncer de colo uterino, dos quais sete em estágio inicial — portanto tratáveis — e um de mama.

Matérias como essa exemplificam como a imprensa também publica reportagens centradas em ações positivas. Mas implantar mentalidade nova não é fácil, em nenhuma atividade humana. Os profissionais de redação compromissados com causas sociais, desejosos de apontar soluções, precisam exercer força de vontade para materializar suas ideias. Andréia reconhece a resistência a iniciativas desse tipo:

— Em geral, no início, havia um pouco de resistência, sim, mas procurava me preparar bem antes de sugerir a pauta. Há um mito no jornalismo de que matérias de cunho social não vendem revista, pois não interessam ao leitor. Felizmente, os leitores sempre foram meus aliados. Graças à repercussão das matérias, conseguia mais espaço na **CLAUDIA** *para* falar desses temas. Cada página a mais era uma conquista. O mais complicado, muitas vezes, não era emplacar a pauta, mas conseguir páginas suficientes para ela. Aí, sim, era uma briga e tanto. **O Brasil Que Dá Certo!** era para ter quatro páginas. Ficou com doze, seis em cada edição. Consegui, depois de muita argumentação, convencer Célia Pardi, editora da revista, a dividi-la em duas, o que é bem raro.

Na trajetória de Andréia, a insistência traz resultados não só pela reação favorável dos leitores, mas também pelos prêmios que vai acumulando. Criam uma bola de neve, abrem caminhos.

— Os prêmios também ajudaram muito. Com eles, fica mais fácil *vender* a pauta. Nos 14 anos que trabalhei na revista **CLAUDIA** ganhei mais de uma dezena deles: Jornalista Amiga da Criança, Jornalista Cidadã, Prêmio Abril, prêmio de excelência da *Aidscap* (*Aids Control and Prevention*, o maior programa de prevenção à Aids do mundo) pelo conjunto de trabalhos etc. Em julho de 1996, apresentei na XI Conferência Internacional de Aids, em Vancouver, no Canadá, o trabalho que fiz na revista sobre Aids em mulheres. **CLAUDIA** foi a única revista brasileira a se apresentar, e uma das cem publicações selecionadas entre mais de cinco mil do mundo inteiro, numa seleção feita por uma comissão composta de membros de doze países. Essa repercussão facilitou o trabalho. Ajudou a mostrar que esses assuntos interessam sim e dão prestígio à revista. O prestígio, de que fala Andréia, traduz-se também em credibilidade:

— Hoje é difícil um veículo jornalístico se diferenciar de outro. Há muita informação em toda parte. Matérias assim mobilizam os leitores e fazem a diferença. Uma matéria pode lançar sementes. Acredito que essa é uma das principais missões do jornalismo: ser um elemento de reflexão e de transformação da realidade. Na questão do trabalho infantil, por exemplo, os próprios especialistas da área reconhecem o impacto que as reportagens tiveram. Segundo o sociólogo Carlos Amaral, autor de dois estudos sobre a evolução do trabalho infantil no Brasil, a grande virada em relação ao tema aconteceu entre 1994 e 1995, período marcado por denúncias pela imprensa. Houve avanços e não há dúvida de que a imprensa contribuiu para isso. Hoje, há praticamente um consenso na sociedade brasileira de que lugar de criança é na escola.

Apesar do progresso, a autora vê temas que continuam empacados sem transformação visível, como aborto e saúde reprodutiva. E encontra frentes de ação em que a imprensa pode melhorar muito seu desempenho.

— A ANDI — Agência de Notícias dos Direitos da Infância — faz análises regulares sobre o desempenho da mídia em questões relacionadas à infância. Para esses trabalhos acompanha, em geral, cerca de 50 jornais do Brasil todo. Independentemente do tema, as conclusões são parecidas: as matérias ouvem poucas fontes (em geral, uma), não mostram opiniões divergentes e são factuais, centradas, na maioria das vezes, em eventos.

Andréia não é mais repórter de **CLAUDIA**. Hoje é diretora da sua própria empresa de comunicação em São Paulo, a Cross Content — **www.crosscontent.com.br** —, criada para dar vazão ao compromisso com causas sociais.

— Achei que fora da grande imprensa teria mais espaço para fazer o que gosto. De lá para cá, já escrevi dois livros sobre trabalho infantil, **A Caminho da Escola** e *Crianças Invisíveis*, um livro (**Construindo Novos Caminhos**) para a Unicamp, seis livros para o Unicef, um relatório sobre a situação da infância no Brasil. Escrevi também um livro (**Ouvindo Conselhos**) sobre Conselhos Tutelares e de Direitos para a ANDI, e editei um capítulo de **Remoto Controle**, sobre televisão. Estão no prelo um relatório sobre os avanços da mulher nos últimos dez anos e um livro de experiências dirigidas por e para mulheres, no espírito da matéria **O Brasil Que Dá Certo!**

Sua fé continua intacta.

— Tenho uma visão utópica do jornalismo. Acredito nele como um elemento transformador da realidade. Mas para isso é preciso humanizá-lo, enxergar as pessoas. Fizemos um livro para o Unicef, **Direitos Negados**, em que a abertura de cada capítulo é ilustrada com imagens, fotos ou desenhos produzidos por crianças e adolescentes que estavam, naquele momento, vivenciando as situações de violência descritas. A capa, que está no nosso site, é a reprodução de um grafite feito por um adolescente interno no Complexo Brás, da FEBEM/SP. A imagem é tão tocante que de fato *fala* mais do que mil palavras. Acho que essa preocupação de dar voz e vez às pessoas tem que estar em tudo, no texto, nas ilustrações, no *design*.

O idealismo não é exclusivo de profissionais de carreira já consolidada. Durante um tempo, o Grande Prêmio mantém uma categoria para estudantes de jornalismo em fase final de curso. Normalmente, os cursos exigem nessa fase o desenho e a execução de um projeto especial que teste em grande estilo o que o aluno aprendeu. O projeto é desenvolvido com o nome de Trabalho de Conclusão de Curso — TCC — ou algo similar.

Mariângela Camargos faz seu TCC na Universidade de Uberaba, em Minas Gerais, escrevendo o livro-reportagem **Anjos da Vida**. É estimulada a concorrer ao Prêmio, tornando-se finalista da terceira edição, 1999/2000. Eis um trecho do trabalho:

Essas crianças carregam o estigma de serem os adultos do futuro e a obrigação de serem perfeitos exemplos para as próximas gerações. Para cada praça da cidade poderíamos ter uma escola que formasse esses pequenos seres, que são conjuntos de corpo e energia, em estado de aprendizado e evolução.

Nos corações dessas crianças, *devemos plantar boas sementes que cresçam e se transformem em um belo jardim interno com flores lindas e coloridas que a humanidade tenha o prazer de observar. Com as sementes dessas flores, as crianças poderiam cultivar as praças de todos os bairros e cantos da cidade. Com o tempo, muitas praças ficariam coloridas com as flores do amor. Essas flores se transformariam em frutos que saciariam a fome dos necessitados, que, por sua vez, teriam força para adubar seus jardins internos e plantar mais sementes.*

O final de toda essa história deveria ser muito feliz. Mas por enquanto foi apenas um sonho que tive, naquele dia lindo de céu azul, que acordei sentindo que algo diferente ia acontecer.

Alguns anos depois desse sonho confessado em texto, em 2006 a autora lembra-se do significado do Prêmio *no* seu processo de formação:

— Durante o curso, ainda estava muito confusa sobre o papel que exerceria como profissional. Com a possibilidade de escrever um TCC, pude escolher o tema que mais me interessava e trabalhar uma história de vida, fugindo do jornalismo tradicional. O Grande Prêmio Ayrton Senna ofereceu-me a oportunidade de levar o trabalho ao conhecimento de outras pessoas, que compararam **Anjos da Vida** a outras produções de estudantes, classificando-o como finalista. Isso foi indispensável para direcionar meus passos, elevar minha autoestima e segurança. Definitivamente, o reconhecimento e a participação no GP fizeram-me enxergar novos horizontes para a profissão. Soube que poderia continuar atuando na área social como jornalista, mobilizando, articulando, cobrindo pautas voltadas para os direitos humanos, conscientizando a sociedade através de um jornalismo mais humano.

Talvez passe pela sua cabeça, leitor, *será que foi um sonho de verão?* Mariângela refuta:

— Voltei minha profissão para o social. Não consigo fazer nada sem pensar nos direitos da criança e do adolescente e nos direitos humanos. Vivo encaminhando pautas para a imprensa local, para sites que cobrem o terceiro setor. Trabalho na articulação e mobilização em prol de causas sociais. Estou engajada em um movimento pela melhoria do atendimento das crianças em creches. Cursei pós-graduação em elaboração e gestão de projetos para o terceiro setor, em Belo Horizonte, educação continuada em responsabilidade social nas empresas, em São Paulo, buscando a integração entre empresas e ONGs. Sou coordenadora do Fórum do Terceiro Setor em Uberaba, atuo como conselheira da criança no Conselho Municipal de Assistência Social. Sou professora no curso superior de Tecnologia em Desenvolvimento Social e viajo pelo Brasil, buscando conhecimento na área do terceiro setor e assistência social. Já recebi ofertas de empregos bem remunerados, mas seria muito infeliz se tivesse que mudar de área.

Mariângela não é a única pessoa positivamente influenciada pelo impacto do Grande Prêmio. Seu orientador nesse TCC finalista, professor Raul Osorio Vargas, recorda-se do episódio:

— Foi muito gratificante receber a notícia de que a Mariângela era finalista do GP. Ver seu livro destacado, em nível nacional, mostrou-me a importância de um trabalho dedicado a propor soluções para as crianças carentes e de se fazer um jornalismo positivamente humano. A filosofia do Jornalismo Literário, eixo diferencial do curso de jornalismo na Uniube, tem uma sintonia profunda com as temáticas colocadas pelo GP. Por isso, o GP inspirou durante anos muitas das pautas que o jornal-laboratório **Revelação** publicou.

O Jornalismo Literário de que fala Raul é uma escola de prática de um jornalismo fortemente centrado em pessoas, buscando contextualizar as informações e narrando suas histórias com um texto de alta qualidade, equivalente à literatura.

Um dos pressupostos dessa modalidade narrativa é a imersão do repórter na realidade, como forma de compreendê-la e expressá-la. Esse mergulho ocorre também em veículos eletrônicos, quando o profissional adota postura sintonizada com essa perspectiva.

Marcelo Canellas, da Rede Globo de Televisão, é vencedor em sua categoria da quinta edição do Prêmio, com uma série sobre a fome, focalizando questões como a mortalidade infantil e as desigualdades socioeconômicas. Persistência e fidelidade a uma ideia são a história da série de Marcelo:

— Ainda na faculdade — cursei jornalismo na Universidade Federal de Santa Maria, no Rio Grande do Sul —, li o clássico **Geografia da Fome**, de Josué de Castro, e fiquei profundamente impactado. Ao longo dos anos, já como profissional, fui robustecendo a ideia de fazer uma grande reportagem sobre a fome no Brasil, usando como referência teórica as premissas levantadas pelo famoso médico e geógrafo pernambucano. Em 1998 propus, pela primeira vez, à direção da Globo, uma série de reportagens sobre o tema para o **Jornal Nacional**. Minha proposta foi recusada nessa e em três outras oportunidades em que insisti com a mesma oferta nos anos de 1999 e 2000. O argumento era sempre o mesmo: o tema *fome* já havia sido suficientemente explorado em reportagens anteriores e estava exaurido como fato jornalístico. É preciso lembrar que, nesse período (de 1998 a 2000), havia certo refluxo na discussão sobre a fome. Betinho tinha morrido, o fôlego da Ação da Cidadania tinha arrefecido, a sociedade brasileira não discutia mais o assunto — ao menos não de forma massiva — e os grandes jornais não publicavam mais nada a respeito.

Mas não se afastou da ideia:

— Permaneci convencido de que a fome era, sim, um fato jornalístico não apenas relevante, mas também com facetas intocadas.

Então, a cada lugar aonde chegava com o **Jornal Nacional** ou com o **Globo Repórter**, eu procurava, nas horas de folga, pessoas, instituições, pesquisadores, militantes, qualquer um que pudesse contribuir com novos elementos para turbinar a minha pauta rejeitada. Até que, em 2001, consegui convencer a direção da emissora. Provavelmente porque tinha reunido mais e melhores argumentos. E, diga-se a favor, da Globo, a partir daí tive todos os meios e todo o tempo de que precisei. Eu mesmo editei a série em Brasília e ela foi ao ar, sem um único corte, em junho de 2001.

Para apresentar a dramática questão da fome na televisão, Marcelo adota uma postura que põe por terra premissas antigas sobre jornalismo:

— Não acredito na assepsia emocional do repórter diante do fato. Também não acredito em conceitos que estão no campo da moral, como neutralidade e imparcialidade. Prefiro um conceito que está no campo da ação, o conceito de objetividade. Então, minha postura foi sempre a seguinte: primeiro, um profundo respeito em relação à dor alheia. Um respeito solidário — me posicionei claramente ao lado delas — mas discreto, o que significa ter disposição para ouvir os dramas e as histórias que as pessoas têm para contar sem que, para isso, seja necessário fustigá-las em suas próprias angústias apenas para filmar uma lágrima rolando na face. Depois, a determinação de relatar os fatos com objetividade, mas de maneira criativa, buscando todas as potencialidades narrativas que um texto de televisão oferece. E aí, mais uma vez, prefiro ser discreto. Eu e minha equipe ficamos emocionalmente destroçados com o que encontramos pelo caminho. Mas o que apareceu na TV foi o drama dos nossos entrevistados. O nosso era irrelevante.

Mais do que qualquer outro meio de comunicação, a televisão é o grande canal de contato com a população. Por isso a repercussão da matéria de Marcelo é massiva, provocando no autor um sentimento de dever cumprido, mas de modo inesperado:

— Centenas de pessoas telefonaram, comovidas, para ajudar. Essa reação, entretanto, é efêmera. Muitas e muitas vezes já testemunhei essa solidariedade, digamos, irrefletida, que ocorre apenas no calor do impacto emocional de uma reportagem como essa. O Ministério da Saúde também resolveu, depois da reportagem, criar um grupo de trabalho para implementar a adição obrigatória de ferro aos alimentos industrializados. Mas isso também foi uma providência insuficiente e paliativa. O que me deixou realmente recompensado foi o fato de a reportagem ter sido pirateada, no bom sentido, ou seja, copiada, reproduzida e espalhada em associações, sindicatos, igrejas e grupos de jovens. Jamais imaginei que a série pudesse, por exemplo, servir de ferramenta de treinamento para os agentes da Pastoral da Criança, como de fato, eu soube depois, serviu. E não há nada mais gratificante do que ver um trabalho despertar reflexão na parte organizada da sociedade.

Se você pergunta a Marcelo se na televisão brasileira de canal aberto de hoje é possível praticar-se um jornalismo menos envolvido com o lado doentio da sociedade — corrupção, tragédias, guerras, violência — e mais com ações sociais positivamente transformadoras, a resposta é franca:

— Possível é. Só não sei se há vontade ou disposição para isso. Tenho certeza de que a demanda social por assuntos dessa natureza é muito maior do que a oferta das empresas ao público. De qualquer maneira, isso não livra a cara dos jornalistas. Uma de nossas principais prerrogativas é a de tentar interferir na agenda de cobertura dos lugares onde trabalhamos.

Do outro lado do balcão, como o próprio Instituto Ayrton Senna avalia o resultado de seu trabalho e a reação da imprensa ao longo dos anos? Viviane tem a palavra:

— O GP de Jornalismo é considerado um dos maiores prêmios voltados à categoria. E o maior em número de inscrições. Mais que números, percebemos que a qualidade dos trabalhos, nas quase 10 edições realizadas, vem aumentando e trazendo respostas concretas para aquilo que precisamos divulgar: a educação como via de desenvolvimento humano para diminuir as desigualdades sociais. Percebemos, também, que o tema tem ocupado cada vez mais os espaços na imprensa. E o GP Ayrton Senna de Jornalismo é um dos responsáveis por essa mudança fundamental.

Isso porque passou a incentivar os jornalistas a debaterem os temas relativos ao universo infanto-juvenil, entre os quais a educação, numa fase anterior. O tema foi conquistando, ano a ano, espaço cada vez mais privilegiado nas páginas dos jornais e revistas, conforme atestam as pesquisas **Infância na Mídia**, realizadas em parceria pela ANDI e o Instituto Ayrton Senna.

Os números ajudam a identificar a mudança da mídia jornalística. A educação ocupava o 13º lugar na relação dos assuntos mais abordados pela imprensa, em 1996, por exemplo. No ano seguinte, já ocupava a terceira posição. Por outro lado, as matérias inscritas no GP ampliaram o foco, não permanecendo apenas no campo da denúncia. Muitas delas passaram a abordar soluções para os problemas constatados. Gradativamente, muitos veículos de imprensa começaram a dar destaque às ações do terceiro setor em temas da infância e da adolescência.

A mobilização da mídia brasileira em torno dessas questões tinha sido estimulada com sucesso. O acompanhamento dos resultados quantitativos e qualitativos atestava isso.

Faltava ainda enfrentar o desafio maior: a grande disparidade entre os dois Brasis. De um lado, a potência econômica emergente. De outro, a classificação nada honrável do Brasil no ranking mundial do Índice de Desenvolvimento Humano, conforme discutido anteriormente neste livro. Daí o direcionamento do Prêmio, sugerindo à mídia tratar os temas da criança e do adolescente sob o paradigma do desenvolvimento humano. Em desdobramento mais recente, o foco é educação, pois estrategicamente é a principal via para se conseguir disparar o desenvolvimento da pessoa.

São muitos os ângulos pelos quais se pode avaliar o resultado de um trabalho. Mas talvez a melhor maneira de o espelhar seja através de um bom texto cujas palavras nos conduzam diretamente para o mundo dos personagens de uma boa história. Uma história, como a de Ayrton, de determinação e superação. Uma história de vitória sobre obstáculos aparentemente intransponíveis, como neste trecho de **O Afeto Que Se Encerra**, de Claudio Cerri, publicada na revista **Globo Rural**, finalista em sua categoria, na terceira edição do Prêmio:

Eles ainda estão soltos por aí, os loucos de pedra. Alguns falam com postes, outros cumprimentam árvores. Modestos, há os que se comprazem em trocar uma palavra com Deus. Mas verdadeiramente perigosos são os que colocam sonhos para andar e nos fazem morrer de vergonha e de dúvida: onde é que fica mesmo o limite do possível? Pode ser contagioso.

O povoado de Belmonte, por exemplo, no município de Crato, CE, é desses lugares de onde é difícil entrar e sair ileso. À primeira vista, trata-se de um simples vilarejo rural encravado na Serra do Araripe, de portas abertas e cadeiras preguiçosas na calçada. Mera aparência. Um desses burladores de fronteiras instalou-se por lá há 32 anos e contagiou o lugar. Os moradores continuam pobres; as casas, de pau a pique. Enredados na decadência dos engenhos locais, meeiros e arrendatários vivem na terra como num exílio; nem construir eles podem.

Visto de perto, porém, algo mudou. Os jovens, especialmente, resolveram que o futuro não precisa ser mera decorrência do passado e que a criatividade humana, mesmo contida, pode surpreender. Vivenciaram essas certezas em companhia de gente famosa: Bach, Mozart, Schubert, Corelli... mestres com quem eles se encontram à noite para ouvir e tocar. A vila nunca mais foi a mesma. Embriagou--se de tal forma dessa sinfonia que perdeu o rosto triste e opaco da pobreza brasileira. Tornou-se uma fervilhante usina musical. Tem auditório e salas de aula feitos em mutirão; orquestra sinfônica de 42 músicos; coral infantil; grupo de canto gregoriano; orquestras de flauta; trios; quartetos; duos... Dos 2 mil habitantes, 10%, oficialmente, são instrumentistas. Mas ninguém sabe ao certo a extensão do fenômeno que escapou ao controle e agora passa de pai para filho. Parece irreversível.

Quem começou tudo exibe, aos 82 anos, a aparência singela de um velhinho indefeso, dependurado atrás de lentes grossas que lhe devolvem o mundo, mas engolem o nariz. Seu nome é padre Ágio Augusto Ribeiro. Era julho de 1967 quando ele chegou aqui. Instrumentista versátil, repassou o que tinha e sabia a cada um dos primeiros adeptos. É assim que ele age. O desapego é seu método. Diante de um objetivo, primeiro entrega tudo o que tem; fica difícil negar-lhe o resto. "Só queria montar um conjuntinho de cordas", desconversa.

Como percebe, uma matéria centrada na perspectiva da dimensão humana. Um exemplo do que pode fazer um jornalismo transformativo, capaz de sensibilizar as pessoas para processos de conscientização e ressignificação do mundo.

Acho que Ayrton Senna gostaria de saber que seu nome se aliou, por um tempo, a esse olhar diferenciado da mídia. Que sua missão de herói continua, apesar do término do programa de premiação jornalística que levou seu nome. Continua em outros domínios. Continua forte na educação.

Continua além das gloriosas manhãs de domingos de uma era que se encerrou, mas cuja força transformadora segue abrindo esperanças nos corações de muitos.

Título	Ayrton Senna
	Herói em dois tempos

Tipografia textos	Minion Pro
Tipografia títulos	**Minion Pro**
Diagramação	Israel Dias de Oliveira

Editora Casa Flutuante

Rua Manuel Ramos Paiva, 429 - São Paulo - SP
Fone: (11) 2936-1706 / 95497-4044
www.editoraflutuante.com.br

www.ingramcontent.com/pod-product-compliance
Lightning Source LLC
LaVergne TN
LVHW091521170726
843492LV00004B/1016